Jean-Claude Landier
Professeur des écoles

Français

- Vocabulaire
- Orthographe
- Grammaire
- Conjugaison

Bonjour

.... !*

Le français, ce n'est pas si compliqué !

C'est comme un jeu ! Il y a des règles – de grammaire, d'orthographe, de conjugaison – et du vocabulaire. Une fois que tu les as apprises et retenues, tu n'as plus qu'à t'entraîner pour mettre en pratique tes connaissances.

Ce cahier sera ton compagnon et tu te rendras compte que tu sais plein de choses : cela te fera plaisir !

* Écris ton prénom.

www.chouette-hatier.com

Présentation

Ce cahier aide l'enfant à consolider ses bases et à s'évaluer en français.
Car il ne suffit pas d'apprendre ses leçons : il faut pratiquer et s'entraîner.

- Chaque unité comporte quatre pages : une de Vocabulaire, une d'Orthographe, une de Grammaire et une de Conjugaison.
- Sur chaque page, une à quatre notions sont traitées.
- Les exercices reprennent de manière systématique toutes les notions abordées en classe de CM1.
- Ils assurent ainsi, par une mise en application répétée de la règle, une parfaite acquisition des connaissances et des savoir-faire attendus.

 Pour chaque groupe d'exercices, la règle est rappelée et accompagnée d'exemples résolus.

 Chacun des exercices reprend méthodiquement la ou les notions clé(s) abordée(s) dans la page de manière à optimiser l'assimilation des connaissances.

 Les corrigés permettent la vérification des acquis et l'évaluation des résultats, par l'enfant seul ou aidé d'un adulte.

 Au bas de chaque page figure un emplacement où l'enfant pourra noter, après consultation des corrigés, le nombre d'exercices qu'il a très bien (●), moyennement (●) ou pas réussis (●).

Sur la dernière page, l'enfant trouvera un Mémo avec les conjugaisons des verbes qu'il doit impérativement connaître.

Des cahiers pour :
s'entraîner
fixer ses connaissances
travailler à son rythme
être prêt pour l'année suivante !

- Édition : Claire Dupuis
- Correction : Nathalie Rachline
- Conception : Frédéric Jely
- Mise en page : Atelier JMH
- Dessins : Karen Laborie
- Chouettes : Guillaume Trannoy

© HATIER PARIS 2009 - ISBN 978-2-218-93413-1

Toute représentation, traduction, adaptation ou reproduction même partielle, par tous procédés, en tous pays, faite sans autorisation préalable est illicite et exposerait le contrevenant à des poursuites judiciaires.
Réf. : loi du 11 mars 1957, alinéas 2 et 3 de l'article 41. Une représentation ou reproduction sans autorisation de l'éditeur ou du Centre français d'exploitation du droit de copie (20, rue des Grands-Augustins, 75006 Paris) constituerait une contrefaçon sanctionnée par les articles 425 et suivants du Code pénal.

Sommaire

Unité	Vocabulaire	Orthographe	Grammaire	Conjugaison
1	Un mot, plusieurs sens — p. 4	Une lettre, plusieurs sons ; plusieurs lettres pour le même son — p. 5	Le repérage de la phrase — p. 6	Le verbe et les personnes — p. 7
2	Le mot précis — p. 8	a - à • on - ont • et - est • son - sont — p. 9	Les phrases : nominale, verbale et minimale — p. 10	Le verbe : l'infinitif, le passé, le présent et le futur — p. 11
3	La formation des mots : radical/préfixe — p. 12	Le genre des noms : repérage et accord — p. 13	Le groupe sujet — p. 14	Le présent de l'indicatif des verbes du 1er groupe — p. 15
4	La formation des mots : radical/suffixe — p. 16	L'accord du nom : singulier/pluriel — p. 17	Les types de phrases — p. 18	Le présent des verbes du 2e groupe • être et avoir — p. 19
5	Les familles de mots — p. 20	L'accord des adjectifs qualificatifs — p. 21	La forme négative — p. 22	Le présent des verbes du 3e groupe — p. 23
6	Les synonymes — p. 24	L'accord du verbe avec le sujet — p. 25	Le complément d'objet direct (COD) — p. 26	L'imparfait de l'indicatif — p. 27
7	Les mots de sens contraires — p. 28	ces - ses • mes - mais — p. 29	Le complément d'objet indirect (COI) — p. 30	Le futur simple de l'indicatif — p. 31
8	Les homonymes — p. 32	ni - n'y • ou - où • la - là - l'a — p. 33	Les compléments circonstanciels (1) — p. 34	Le passé simple de l'indicatif — p. 35
9	Sens propre, sens figuré — p. 36	tout - toute - tous - toutes • leur - leurs — p. 37	Les compléments circonstanciels (2) — p. 38	Le passé simple et l'imparfait de l'indicatif — p. 39
10	Les niveaux de langue — p. 40	quel(s) - quelle(s) - qu'elle(s) • Les adverbes en -ment — p. 41	Les expansions du nom : l'adjectif épithète, le complément du nom — p. 42	Le passé composé de l'indicatif — p. 43
11	D'un type d'écrit à un autre — p. 44	Les noms terminés par -ail, -eil, -euil, -aille, -eille, -euille, -ouille — p. 45	L'attribut du sujet — p. 46	Le plus-que-parfait — p. 47
12	Le vocabulaire de la télévision — p. 48	Les noms féminins en -é, -té, -tié — p. 49	La forme active et la forme passive — p. 50	Les verbes pronominaux — p. 51
13	Le vocabulaire de la bande dessinée — p. 52	Le participe passé employé avec l'auxiliaire être — p. 53	La phrase simple, la phrase complexe, les propositions — p. 54	L'impératif présent — p. 55
14	Le vocabulaire de la publicité — p. 56	se - ce • s'est - c'est — p. 57	Les propositions juxtaposées et les propositions coordonnées — p. 58	Le conditionnel présent — p. 59
15	Jouons avec les mots — p. 60	L'accord des participes passés utilisés sans auxiliaire — p. 61	Les propositions subordonnées relatives — p. 62	

mémo CHOUETTE p. 63

Unité 1

Vocabulaire

Un mot, plusieurs sens

Le même mot peut avoir **plusieurs significations**.

dans une **heure** = dans un moment précis
à la bonne **heure** ! = voilà qui est bien !
sur l'**heure** = à l'instant même

1 Relie chaque phrase à la signification correspondante.

Elle porte une **robe** claire. • • avec la peau
Ce vin a une belle **robe**. • • vêtement d'intérieur
Ces pommes de terre sont en **robe** des champs. • • vêtement féminin
Où est ma **robe** de chambre ? • • couleur

2 Même consigne.

Sa **pomme** d'Adam est très apparente. • • fruit
Cette recette se prépare avec la **pomme** du chou. • • partie du cou
Où est la **pomme** de mon arrosoir ? • • cœur
Cette **pomme** reinette est délicieuse. • • renflement percé de trous

3 Complète les phrases avec les mots suivants : *écrire, monter, dompter, écouter*.

• Dresser sa tente, c'est la .... • Dresser un animal sauvage, c'est le .... • Dresser l'oreille, c'est .... • Dresser une liste de choses à faire, c'est l'.................... .

4 Complète les phrases suivantes en cherchant les sens du mot *porter* dans le dictionnaire.

• Porter secours à quelqu'un, c'est ....
• Porter des lunettes, c'est ....
• Porter la main sur quelqu'un, c'est ....
• Porter sur les nerfs, c'est ....

5 En cherchant dans le dictionnaire, trouve trois expressions avec chacun des mots suivants : *nez, nerf, cœur*.

Orthographe

Une lettre, plusieurs sons ; plusieurs lettres pour le même son

Unité 1

> **La lettre S**
> - Pour obtenir le son [s], il faut mettre **ss** entre deux voyelles (**a**, **e**, **i**, **o**, **u**, **y**). poisson
> - Pour obtenir le son [s], un seul **s** suffit entre une voyelle et une consonne. veste
> - Pour obtenir le son [z] entre deux voyelles, il ne faut qu'un **s**. roseau

1 **Complète les mots par s ou ss.**
un va……e, une vali……e, une li……te, un pou……in, un tré……or, une mai……on, un vai……eau, une vi……ite, le troi……ième, une gli……ade, une émi……ion, une ceri……e, une lai……e.

> **La lettre G**
> - Elle se prononce [g] devant **a**, **o** ou **u**. garçon
> - G se prononce [ʒ] devant **e**, **i** ou **y**. girafe
> - Pour obtenir le son [g] devant un **e**, un **i** ou un **y**, il faut ajouter un **u**. fatigue

2 **Complète les mots par g ou gu.**
un……arage, une fi……e, une ba……e, du……azon, navi……er, des ba……ages, fati……ant, un……obelet, un……orille, ……érir.

> - Le son [k] s'obtient en utilisant **c**, **qu** ou **k**. corse, qualité, kayak
> - Le son [s] s'obtient en utilisant **c** ou **ç**. cerise, maçon
> - Le son [ʒ] s'obtient en utilisant **j** ou **ge**. jasmin, Georges

3 **Complète les mots par c, qu ou k.**
une……aisse, l'édu……ation, une……age, ……itter, du va……arme, une……estion, un……épi, un dé……oupage, un……angourou, un……adenas, un……ilo.

4 **Complète les mots par c ou ç.**
la le……on, le……inéma, la ra……ine, un lion……eau, une balan……oire, une……einture, la fa……on, le fran……ais, une……érémonie, une bi……yclette.

5 **Complète les mots par j ou ge.**
la……oie, la ven……ance, un villa……ois, une oran……ade, un……our, un pi……on, la……ustice, encoura……ant, une na……oire, la rou……ole.

Unité 1

Grammaire

Le repérage de la phrase

- Une phrase est une **suite de mots** formant un **sens complet**.
- Elle commence par une **majuscule** et se termine par un **point**.

1 *Reforme ces phrases en retrouvant l'ordre logique des mots. N'oublie pas les majuscules et les points !*

- peluche est ours en petit un Michka ....
....

- filets prendre dans sirène une pêcheur le surpris est tout de ses ....
....

- sommeil tombée reine fille est la dans la de profond un ....
....

- s'en petit triste tout garçon le va ....

2 *Recopie ces phrases en les séparant correctement et en mettant les majuscules.*

- les habitants se rassemblent au clair de lune ils portent des guirlandes de fleurs autour du cou ils dansent au son de la guitare ....
....
....

- Victor plonge son filet dans l'eau il espère prendre de beaux poissons hélas il n'a pris qu'une grenouille qui saute affolée ....
....
....

- il était une fois un roi très riche il voulut se faire bâtir un somptueux palais il fit rechercher le meilleur architecte de son royaume ....
....
....

3 *Lis ces phrases et complète-les en ajoutant des mots là où il en manque.*

- Le lendemain, ... soleil .... leva, radieux, dans un .... tout bleu. • .... conduit la voiture à toute .... • « .... n'ai plus mal au .... », dit le .... • Mon père avait emporté ses .... et son .... pour .... • À la fin de .... , la sorcière se retrouva enfermée dans ....

Conjugaison

Le verbe et les personnes

- Le verbe est le mot qui **varie** dans une phrase **selon les personnes**.
  je mang**e** – nous mang**eons** – elles mang**ent**
- Le verbe exprime une **action** faite (ou subie) par le **sujet** (ou un état du sujet).
  Il **lance** la balle. La feuille **est emportée** par le vent. Elle **est** malade.

1 *Souligne les verbes.*
- Une brise légère souffle sur les voiles.
- Demain, je me lèverai de bonne heure.
- Il lui murmura un mot aimable à l'oreille.
- Ce platane est planté par le jardinier.

2 *Même consigne.*
- Il utilise son cahier d'exercices.
- Je regarde le soleil couchant.
- Il se repose sur le canapé.
- Le mécanicien change les bougies de la voiture.

À chaque personne correspond(ent) un (ou plusieurs) pronom(s) personnel(s).

3 *Indique le pronom personnel correspondant au sujet.*
- Mon frère et moi (............) irons faire du football cet après-midi.
- Les fleurs (............) embellissent le jardin.
- Le facteur (............) sonne à la porte.
- Maryse et son amie (............) nous préparent une surprise.
- Papa et toi (............) irez à la pêche demain.

4 *Remplace les pronoms personnels sujets par des groupes nominaux de ton choix.*
- (Il) .... aime rarement perdre au jeu.
- (Elles) .... semblent fatiguées par leur voyage.
- (Elle) .... contemple avec admiration ses chaussons neufs.
- (Ils) .... perdent leurs feuilles en hiver.

5 *Réécris les phrases suivantes aux personnes indiquées.*
- Les cyclistes traversent la ville.
Nous ....
- Tu penses souvent à l'avenir.
Vous ....
- Les promeneurs ramassent des champignons.
Je ....
- Les organisateurs tirent un superbe feu d'artifice.
On ....

Vocabulaire

Le mot précis

Pour éviter d'utiliser souvent les mêmes mots, on recherche les mots **plus précis** ou **plus expressifs** qui peuvent les remplacer.
faire des dessins = dessiner

1 **Remplace les expressions contenant le verbe *faire* par un verbe plus expressif.**
• Le préposé *fait la distribution* des lettres (........................ les lettres). • L'alpiniste *fait l'escalade* du mont Blanc (........................ le mont Blanc). • Le kangourou *fait des bonds* (........................). • Maman *fait du tricot* (........................) pendant les vacances.
• Parfois, je *fais la cuisine* (........................) pour aider mes parents.

2 **Remplace le verbe *mettre* par l'un des verbes suivants :**
pose, place, enfile, endosse, range.
• Quand il fait froid, elle *met* (........................) son pull-over. • En hiver, papa *met* (........................) son gros pardessus. • Je *mets* (........................) mes stylos dans ce tiroir.
• Il *met* (........................) ses économies à la banque. • Mon oncle *met* (........................) une étagère au mur.

3 **Remplace le mot *choc* par l'un des noms suivants :**
l'émotion, l'assaut, l'impact, la collision, le conflit.
• L'aviation peut difficilement contenir le *choc* (........................) de l'ennemi.
• Elle est sous le *choc* (........................) de cet événement. • Le *choc* (........................) des voitures s'est produit sur l'autoroute. • Le *choc* (........................) de la balle de revolver est encore visible sur le mur. • Ce débat a provoqué le *choc* (........................) des opinions.

4 **Remplace *il y a* par un verbe plus expressif.**
Dans le ciel, (il y a) s'élève de la fumée.
• Dans la forêt, (il y a) .... des arbres.
• Sur le boulevard, (il y a) .... beaucoup de voitures.
• Sur le stade, (il y a) .... des sportifs avant la compétition.
• Pendant l'orage, (il y a) .... de la pluie.
• Dans l'eau, (il y a) .... de nombreux poissons.

Orthographe

Unité 2

a – à • on – ont • et – est • son – sont

Il **a** mal **à** la tête.
Il avait (verbe **avoir**)   préposition

1 **Complète par a ou à.**
• Le mécanicien ...... réglé ses freins. • Cet ouvrier ...... travaillé ...... la chaîne. • Il ...... beaucoup de travail ...... faire. • Elle ...... peu d'argent ...... dépenser. • Pierre ...... appris ...... conduire. • Elle ...... voyagé en Afrique.

2 **Même consigne.**
• Il ...... du mal ...... cacher sa joie. • Elle ...... son stylo ...... la main. • Mon frère ...... douze ans. • Mon chien reste ...... l'affût du gibier quand il est ...... la chasse. • J'habite ...... la campagne. • Elle ...... rencontré son amie ...... la foire.

On aime les gens qui **ont** bon cœur.
il, elle (**pronom personnel**)   avaient (verbe **avoir**)

3 **Complète par on ou ont.**
• ...... pense rencontrer ceux qui ...... pris le car. • Ils ...... imprimé ce journal. • ...... a vérifié les comptes. • A-t-...... emporté le colis ? • ...... ira en vacances au bord de la mer. • Ils ...... pris le TGV. • Elles ...... leurs cahiers. • ...... a retrouvé les chiens qui ...... été perdus.

Il **est** intelligent **et** rusé.
était (verbe **être**)   et puis (+)

4 **Complète par et ou est.**
• Ce gigot ...... froid ...... mal cuit. • La vache ...... un herbivore. • Elle ...... dans le salon ...... écoute de la musique. • Recopiez ...... appliquez-vous ! • Sa peau ...... brune ...... dorée. • Mon petit frère ...... très jeune ...... il marche à peine.

Monique et **son** frère **sont** partis à la piscine.
le sien   étaient (verbe **être**)

5 **Complète par son ou sont.**
• Le roi et ...... fils ...... allés à la chasse. • Où ...... partis les touristes ? • ...... cahier est bleu. • Quelles ...... ces indications ? • ...... frère et ...... camarade ...... allés en vacances. • Il regardait ...... dessin. • J'ai suivi ...... conseil.

Unité 2 — Grammaire

Les phrases : nominale, verbale et minimale

> - La phrase est une suite de mots qui a un sens. Elle commence par une majuscule et se termine par un point.
> - La phrase **nominale** est un **groupe nominal sans verbe conjugué**. Bravo la petite fleur !
> - La phrase **verbale** renferme **un** ou **plusieurs verbes**. Les poules **picorent** le grain.

1 Lis ces suites de mots et recopie seulement celles que tu considères comme des phrases. N'oublie pas les majuscules au début et les points à la fin !
- j'avais une nouvelle amie
- cachette était la entendre musique
- voilà une excellente réponse
- elle page écrivait livre

2 Indique entre parenthèses après chaque phrase si elle est nominale (N) ou verbale (V).
- Alice au pays des merveilles. (......)
- L'employé a vérifié les registres. (......)
- On chassa le pauvre animal sans pitié. (......)
- Le goût sauvage ! (......)

3 Transforme ces phrases verbales en phrases nominales. (Pense aux interdictions, aux slogans publicitaires, aux titres de journaux !)
La circulation est interdite dans ce sens. → Sens interdit !
- Cette maison est à vendre.
- Les prix sont en baisse.
- On fait des soldes dans ce magasin.
- Le tourisme est en légère reprise.

> La phrase **minimale** est **seulement composée du groupe sujet et du groupe verbal**.
>
> | La pluie | tombe. | | Je | cueille une fleur. |
> | groupe sujet | groupe verbal | | groupe sujet | groupe verbal |

4 Raye les mots qui ne font pas partie de la phrase minimale.
- Ce matin-là, les enfants jouaient au bord de la rivière. • On allait au lit avec l'espoir d'en sortir moins tôt qu'à l'ordinaire. • Il fit couler la farine dans l'eau chaude en remuant avec une spatule.
- Alban regarda son fils qui avait l'air un peu timide et embarrassé.

Conjugaison

Le verbe : l'infinitif, le passé, le présent et le futur

- L'infinitif est la forme **non conjuguée du verbe**.
- Les verbes sont classés en trois groupes selon leur infinitif :
  - ceux du **1er groupe** : ils se terminent en **-er** comme **chanter** ; nous chant**ons**
  - ceux du **2e groupe** : ils se terminent en **-ir** comme **finir** ; nous fin**issons**
  - ceux du **3e groupe** : tous les autres verbes et ceux en **-ir** comme **partir**. nous part**ons**

1 *Indique entre parenthèses l'infinitif des verbes utilisés.*
- Il m'a appris (..................) un secret. • Le lion dévorait (..................) sa proie.
- Je nage (..................) beaucoup mieux en mer. • Mon frère a admis (..................) son erreur. • En automne, les feuilles jaunissent (..................).

2 *Indique son groupe après chaque verbe.*
battre (.........), avouer (.........), vivre (.........), bouillir (.........), bercer (.........), frémir (.........), permettre (.........), cacher (.........), pâlir (.........), peindre (.........).

Le verbe indique, par le temps utilisé, si l'action est **passée**, **présente** ou **future**.
----j'**ai** voyag**é** (passé)----je voyag**e** (présent)---- je voyage**rai** (futur)-->

3 *Indique, après chaque verbe, si l'action est passée, présente ou future.*
- Pourquoi es-tu allé (..................) voir ce film ? • Elle me regarde (..................) avec curiosité. • Pour ma fête, on m'a offert (..................) un jeu électronique.
- Je porterai (..................) le costume à nettoyer. • La meute des chiens poursuit (..................) le sanglier.

4 *Même consigne.*
- Il m'a répondu (..................). • Le clown cligne (..................) de l'œil. • Les avions atterrissent (..................) sur la piste centrale. • On cueillera (..................) bientôt les cerises. • On a trouvé (..................) une montre dans la rue.

5 *Mets les phrases suivantes au passé ou au futur.*
- Les oiseaux volent dans le ciel. (**passé**) ....
- Les enfants allument un feu de camp. (**futur**) ....
- Les géraniums fleurissent. (**passé**) ....
- La porte est fermée à clé. (**futur**) ....

Vocabulaire

Unité 3 — La formation des mots : radical/préfixe

> Le **préfixe** est un élément qui se met **devant le radical**.
> Il permet d'obtenir des mots **dérivés**.
>
> On a **dé/couvert** des traces de la **pré/histoire**.
> préfixe/radical   préfixe/radical

1 Sépare par un trait le radical et le préfixe dans les mots suivants.
relaver, défaire, surexposer, microfilm, médire, intervenir, préchauffer, autoroute, inexpliqué, autocuiseur.

2 Raye les mots où il n'y a pas de préfixe re- dans le sens de « de nouveau ». Re/faire
redire, recette, reflet, recopier, regard, recoller, reclasser, record, reformer, recuire.

3 Continue sur le modèle : Re/couvrir, c'est couvrir de nouveau.
- Retrouver, c'est .... • Repeindre, c'est ....
.... • Rechercher, c'est .... • Recharger, c'est
.... • Reconduire, c'est ....

4 Continue les phrases en utilisant le préfixe anti-.
- Un produit contre la rouille est un ....
- Un produit contre les mites est un ....
- Un produit contre les pellicules est un ....
- Des phares contre le brouillard sont ....
- Un médicament contre le poison est un ....

5 Continue les phrases en utilisant le préfixe a- ou le préfixe é-.
- Rendre plus maigre, c'est .... • Rendre plus clair, c'est ....
- Rendre plus mince, c'est .... • Rendre plus plat, c'est ....
- Rendre plus large, c'est ....

6 Complète les phrases en ajoutant l'un des préfixes suivants : re-, extra-, mes-, pré-, in-, mal-.
Sophie était .... occupée par les souvenirs qui lui .... venaient à l'esprit : ce vieil homme un peu .... adroit mais .... fatigable. Il l'avait aidée lors de son .... ordinaire .... aventure.

Orthographe

Unité 3

Le genre des noms : repérage et accord

> - Les noms que l'on peut faire précéder de **un**, **le** ou **du** sont du genre **masculin**.
>   **un** bureau, **le** chat, **du** sucre
> - Les noms que l'on peut faire précéder de **une** ou de **la** sont du genre **féminin**.
>   **une** table, **la** poule

1 **Indique le genre de chaque nom : masculin (M) ou féminin (F).**
un village (.....), la plainte (.....), le vent (.....), une peau (.....), le renard (.....), la journée (.....), une dent (.....), le feu (.....), un plongeon (.....), du beurre (.....), le père (.....), une savonnette (.....), un trésor (.....), un problème (.....), une saison (.....).

2 **Place devant chaque nom un déterminant qui indique son genre.**
.... usine, ... porte, ... charbon, ... terre, ... nuit, ... jour, ... animal, ... frère, ... oncle, ... ville, ... rire, ... gâteau, ... phrase, ... difficulté, ... olive.

> - Le plus souvent, on forme le féminin d'un mot en ajoutant un **e** au masculin.
>   un marchand, une marchand**e**
> - Mais certains mots sont **différents** ou **se transforment** selon qu'ils désignent le masculin ou le féminin.
>   **un** act**eur**, **une** act**rice** / **un** coiff**eur**, **une** coiff**euse** / **un** coq, **une** poule

3 **Trouve le féminin.**
- un passant, une ....
- un porteur, une ....
- un voyageur, une ....
- un grand-père, une ....
- un Indien, une ....

4 **Trouve le masculin.**
- un ...., une conductrice
- un ...., une reine
- un ...., une héroïne
- un ...., une fille
- un ...., une religieuse

5 **Trouve le féminin.**
- un masseur, une ....
- un homme, une ....
- un instituteur, une ....
- un paysan, une ....
- un tigre, une ....

6 **Trouve le masculin.**
- un ...., une spectatrice
- un ...., une promeneuse
- un ...., une nouvelle
- un ...., une fermière
- un ...., une épicière

Unité 3 — Grammaire

Le groupe sujet

> Le groupe sujet peut être encadré par **c'est... qui** ou **ce sont... qui**.
> C'est **le chat** qui dresse l'oreille. Ce sont **les enfants** qui jouent dans la cour.

1 *Réécris le sujet devant chaque groupe verbal.*
Nous, Les voyageurs, Nathalie, Vous, Tu.
- .... réponds au téléphone.
- .... chantez une chanson.
- .... écrivons un roman.
- .... attendent l'avion.
- .... essaie sa nouvelle robe.

2 *Souligne le groupe sujet dans chaque phrase.*
- Le soleil brille dans le ciel.
- L'abeille se pose sur la fleur.
- Tu passes des vacances agréables.
- Les marins aperçurent le navire dans la brume.
- J'enverrai cette lettre plus tard.
- Les feux de signalisation règlent la circulation.
- Un musicien se présenta avec sa guitare.
- Sur la route tombent les feuilles.
- Une longue réflexion est nécessaire.

> Le groupe sujet peut être :
> - un **groupe nominal** : **Les rafales de vent** ont emporté la toiture.
> - un **pronom personnel** : **Elle** a trouvé la solution.
> - un **verbe à l'infinitif** : **Crier** n'est pas chanter.

3 *Ajoute un groupe nominal sujet dans chaque phrase.*
- .... passe à cinq heures.
- .... emmène son chien avec lui.
- .... est complètement chauve.
- .... n'est pas gagner.
- .... effacent le tableau.

4 *Indique le pronom personnel qui peut remplacer le groupe nominal sujet.*
- Des andouilles fumées (........) pendaient au plafond.
- Les murs (........) sont bien décorés.
- La marmite entière (........) prit feu.
- Mes parents et moi (........) préparons une surprise à ma sœur.
- Gérard et toi (........) voulez observer les étoiles.

5 *Indique le verbe à l'infinitif qui peut remplacer le groupe nominal sujet.*
- Une bonne écoute (..............) est très profitable.
- Le travail (..............) est indispensable pour réussir.
- Un mensonge (..............) ne facilite pas les choses.
- Un oubli (..............) peut entraîner des ennuis.
- Un écrit (..............) est souvent une bonne solution.

Conjugaison
Le présent de l'indicatif des verbes du 1ᵉʳ groupe

Unité 3

> Au présent de l'indicatif, on ajoute au **radical des verbes** les terminaisons suivantes : **-e, -es, -e, -ons, -ez, -ent**.
>
> je chant/**e** → radical / terminaison
> nous chant/**ons** → radical / terminaison

1 **Conjugue au présent de l'indicatif les verbes aux personnes indiquées.**
- trouver (2ᵉ sing.) : tu ....
- monter (3ᵉ plur.) : ....
- visiter (1ʳᵉ plur.) : ....
- deviner (2ᵉ sing.) : ....
- voter (1ʳᵉ sing.) : ....
- dicter (3ᵉ sing.) : ....
- réparer (3ᵉ sing.) : ....
- ajouter (2ᵉ plur.) : ....
- parler (2ᵉ plur.) : ....
- agiter (1ʳᵉ sing.) : ....

2 **Écris les verbes entre parenthèses au présent.**
- La voile (**flotter**) .... au gré du vent. • Les vaches (**brouter**) .... l'herbe du pré. • On (**frapper**) .... à la porte. • Nous (**fixer**) .... ce cadre au mur. • La voiture (**rouler**) .... dans la nuit.

> - À la 1ʳᵉ personne du pluriel, les verbes en **-ger** prennent un **e**. nous mang**e**ons
> - À la 1ʳᵉ personne du pluriel, les verbes en **-cer** prennent un **ç**. nous pla**ç**ons
> - Les verbes en **-eler** et en **-eter** doublent la consonne devant un **e muet**. j'appe**ll**e ; je je**tt**e
> - D'autres verbes en **-eler** ou **-eter**, comme **acheter, inquiéter, geler, harceler, peler**..., prennent un **accent grave** avant le **l** ou le **t**. (Ils ne doublent pas la consonne.) j'ach**è**te ; il g**è**le

3 **Conjugue les verbes à la 1ʳᵉ personne du pluriel du présent de l'indicatif.**
- changer : nous ....
- forcer : ....
- charger : ....
- effacer : ....
- abréger : ....
- enfoncer : ....

4 **Conjugue les verbes à la 3ᵉ personne du singulier (il, elle, on) du présent.**
- peler : on ....
- épeler : ....
- atteler : ....
- niveler : ....
- harceler : ....
- voleter : ....
- inquiéter : ....
- empaqueter : ....
- amonceler : ....
- renouveler : ....

Unité 4 — Vocabulaire

La formation des mots : radical/suffixe

Le **suffixe** est un élément que l'on **ajoute au radical**.
Il permet d'obtenir des mots **dérivés**.

difficile/ment
radical / suffixe

1 Sépare par un trait le radical et le suffixe dans les mots suivants.

une baignoire, un danseur, une actrice, la baignade, la vengeance, une offrande, le lavage, la peinture, un fournisseur, une moquerie.

2 Complète les phrases par un adjectif formé avec le suffixe **-able**.
Ce que l'on peut boire est buvable.

- Ce que l'on peut laver est .... • Ce que l'on peut manger est .... • Ce que l'on peut habiter est .... • Ce que l'on peut faire est .... • Ce que l'on peut jeter est ....

3 Forme des noms à partir des adjectifs en utilisant les suffixes suivants :
-té, *-ise*, *-eur*, *-esse*, *-onge*.

- fier : la .... • splendide : la .... • bête : la ....
- menteur : le .... • paresseux : la ....

4 Forme des noms à partir des verbes en utilisant les suffixes suivants :
-tion, *-ation*, *-age*, *-ment*.
achever → l'achèvement

- finir : la .... • laver : le .... • accuser : l' ....
- assembler : l' .... • déranger : le ....

5 Indique l'origine ou la nationalité en ajoutant aux noms de pays un des suffixes suivants : *-ais*, *-ien*, *-ain*.
Paris → parisien

- France : .... • Maroc : ....
- Angleterre : .... • Italie : ....
- Portugal : .... • Amérique : ....
- Tunisie : .... • Hollande : ....
- Sicile : .... • Autriche : ....

Orthographe

Unité 4

L'accord du nom : singulier/pluriel

- Les noms que l'on peut faire précéder de **un**, **une**, **le**, **la** sont au singulier.
  un avion, **une** table, **le** cheval, **la** lampe
- Ceux que l'on peut faire précéder de **des** ou **les** sont au pluriel.
  des poissons, **les** passants

1 *Indique après chaque nom s'il est au singulier (s) ou au pluriel (P).*

- Les ruines (....) de la maison (....) fumaient encore. • Les lunettes (....) de ma grand-mère (....) sont posées sur ton bureau (....). • Le boulanger (....) a pétri une fournée (....) de pains (....) et de gâteaux (....) pour la fête (....).

- Le pluriel des noms se marque le plus souvent en ajoutant un **s** au singulier.
  Attention ! Les noms terminés au singulier par **s**, **x** ou **z** ne changent pas.
- Particularités :

singulier	pluriel
noms terminés par **-au** ou **-eau**	prennent un **x**.
noms terminés par **-al**	prennent **aux**, *sauf* **bals**, **chacals**, **carnavals**, **régals**, **festivals**.
noms terminés par **-ail**	prennent un **s**, *sauf* cor**ail** : cor**aux** ; ém**ail** : ém**aux** ; trav**ail** : trav**aux** ; vitr**ail** : vitr**aux**…
noms terminés par **-eu**	prennent un **x**, *sauf* **bleus**, **pneus**.
noms terminés par **-ou**	prennent un **s**, *sauf* **bijoux**, **cailloux**, **choux**, **genoux**, **poux**, **hiboux**, **joujoux**.

2 *Souligne les noms qui ne changent pas au pluriel.*
un ananas, ton pays, une oasis, un toit, un tapis, un nez, une maison, un gazouillis, le château, un puits, du beurre, un Gaulois, la fumée, du riz, son téléphone, une voyelle, un fracas, ta pièce, une lecture, le paradis

3 *Complète par s ou x.*
des coucou...., des caillou...., des matou...., des bijou...., des bambou...., des sou...., des filou...., des clou...., des genou...., des trou....

4 *Écris au pluriel les noms suivants.*
- un journal, des ....
- un chacal, des ....
- un détail, des ....
- un bal, des ....
- un travail, des ....

5 *Même consigne.*
- un tuyau, des ....
- un mal, des ....
- un local, des ....
- un radeau, des ....
- un neveu, des ....

17

Unité 4

Grammaire

Les types de phrases

Il existe quatre types de phrases :

- la phrase **déclarative**, qui énonce, présente ; elle se termine par un **point**. Elle range sa chambre.
- la phrase **interrogative**, qui pose une question ; elle se termine par un **point d'interrogation**. Comment a-t-elle rangé sa chambre ?
- la phrase **exclamative**, qui exprime une émotion (joie, surprise, indignation…) ; elle se termine par un **point d'exclamation**. Bravo, tu ranges ta chambre !
- la phrase **impérative**, qui donne un ordre ou un conseil ; elle se termine par un **point** ou un **point d'exclamation**. Range ta chambre immédiatement !

1 **Indique en abrégé (D, INT, E, IMP) le type de chaque phrase.**

- Quelle belle journée ! (……) • Pourquoi lui as-tu remis cette lettre ? (……) • Le tigre est un félin. (……) • Je prends souvent le train. (……) • Que tu es drôle avec ce chapeau ! (……)

2 **Transforme ces phrases déclaratives en phrases interrogatives.**
Le train arriva. → Le train arriva-t-il ?

- L'ambulance traversa la ville.
- Le clown se maquille.
- Julie est assise.
- Il regarde un dessin animé.

3 **Transforme ces phrases déclaratives en phrases exclamatives. Tu peux utiliser** *que, comme, quelle*…

- La maison est propre.
- Il mange salement.
- Ces fleurs sont belles.
- C'est une belle journée.

4 **Transforme ces phrases déclaratives en phrases impératives.**

- Il faut que tu nous chantes une chanson.
- Vous devez demander votre chemin au gardien.
- Il faut nous méfier de ces nuages noirs.
- Tu dois te réveiller plus tôt.

Conjugaison
Le présent des verbes du 2ᵉ groupe • être et avoir

Unité 4

> Au présent de l'indicatif, on ajoute au radical des verbes du 2ᵉ groupe les terminaisons suivantes : **-is, -is, -it, -issons, -issez, -issent**.
> je grand**is**, vous grand**issez**...

1 *Conjugue au présent de l'indicatif les verbes aux personnes indiquées.*
- bondir (2ᵉ sing.) ....
- fleurir (3ᵉ plur.) ....
- brunir (1ʳᵉ plur.) ....
- élargir (2ᵉ sing.) ....
- avertir (1ʳᵉ sing.) ....
- finir (3ᵉ sing.) ....
- choisir (3ᵉ sing.) ....
- obéir (2ᵉ plur.) ....

2 *Mets les verbes au présent de l'indicatif.*
- Ses efforts (**aboutir**) .... • Elle (**accomplir**) .... sa tâche avec courage. • Ces produits (**adoucir**) .... l'eau. • Son sourire (**trahir**) .... sa joie. • Nous (**grossir**) .... en mangeant trop.

3 *Trouve des groupes sujets correspondant aux verbes.*
- .... guérit son malade. • .... s'épanouissent au soleil.
- .... garnissons la corbeille. • .... finissez votre travail.

> Les verbes **être** et **avoir** sont des verbes du 3ᵉ groupe. Il faut les connaître parfaitement, car on les utilise aussi comme **auxiliaires** dans les **temps composés**.
> être : je suis, tu es, il ou elle est, nous sommes, vous êtes, ils ou elles sont.
> avoir : j'ai, tu as, il ou elle a, nous avons, vous avez, ils ou elles ont.

4 *Conjugue au présent les expressions formées avec le verbe* être *aux personnes indiquées.*
- être en retard (1ʳᵉ sing.) : Je .... • être en sueur (2ᵉ plur.) : .... • être aimable (2ᵉ sing.) : ....

5 *Même consigne avec le verbe* avoir.
- avoir peur (1ʳᵉ plur.) : ....
- avoir faim (2ᵉ sing.) : ....
- avoir de la chance (3ᵉ sing.) : ....

19

Vocabulaire
Les familles de mots

> Une famille de mots regroupe **tous les dérivés** d'un mot obtenus en ajoutant des **préfixes** ou des **suffixes au radical**.
> *Attention !* Parfois, le **radical peut se transformer**.
> laver → **re**laver, **dé**laver, lave**ment**, lav**age**…

1 Trouve 5 mots de la même famille que les verbes indiqués. Tu peux t'aider du dictionnaire.
- chanter : ....
- lever : ....
- compter : ....
- peupler : ....
- acheter : ....

2 Complète le tableau avec des mots de la même famille en utilisant des suffixes (*-tion*, *-erie*, *-ance*, *-able*, *-ant*…). Revois ceux de la page 16.

verbes	noms	adjectifs
admirer		
venger		
adorer		
satisfaire		
plaisanter		

> • Certains mots peuvent donner l'impression d'avoir le même radical, mais ils ne sont pas de la même famille, car leur sens est différent.
> chanter, chantier
> • Il faut donc que les mots, tout en ayant le même radical, **appartiennent également à la même famille de sens**.

3 Dans chaque liste, raye le mot qui n'est pas de la même famille.
- courir, courage, course, accourir, coureur.
- allumer, allure, allumette, allumage, allumeur.
- appeler, rappeler, appel, pelle, appelé.
- battre, bateau, battoir, batteur, battement.
- tarder, tard, tarte, tardif, retard, retarder.

4 Même consigne.
- électrique, électricien, électeur, électrifier.
- sauter, sautiller, saut, saucisse, sauterelle.
- placer, emplacement, placard, déplacer.
- feuille, feutre, feuillage, feuillu, effeuiller.
- couper, coupe, découper, couple, coupure.

Orthographe

L'accord des adjectifs qualificatifs

- L'adjectif qualificatif **s'accorde en genre** (masculin/féminin) **et en nombre** (singulier/pluriel) **avec le nom auquel il se rapporte**.

  un lieu rassuran**t**, **une** histoire rassuran**te**

  un travail pénibl**e**, **des** trav**aux** pénibl**es**

- Certains adjectifs **changent** leur terminaison **au féminin**. vieux, vieille.

- Au pluriel, quand ils se terminent par **-al** ou **-eau**, ils suivent les **mêmes règles que les noms**.

1 *Indique, après chaque adjectif, le genre (M ou F) et le nombre (S ou P).*
- Des pattes articulées (......). • Des poches vides (......). • Un clou pointu (......).
- La pièce principale (......). • Un feu clignotant (......). • Une erreur impardonnable (......).
- De hautes (......) herbes. • Des sacs pratiques (......). • Des noms amusants (......).
- Une histoire inimaginable (......).

2 *Place devant chaque adjectif un nom avec lequel il pourrait s'accorder.*

• .... intelligente	• .... difficiles
• .... énorme	• .... fatigant
• .... brutal	• .... normaux
• .... vraies	• .... gratuite
• .... nouveaux	• .... amicaux

3 *Mets les adjectifs au masculin ou au féminin.*
- un garçon muet, une fille .... • une journée longue, un jour ....
- un ami gentil, une amie .... • une maison ancienne, un château ....
- du lait frais, de la crème .... • une guerre cruelle, un combat ....

4 *Mets les adjectifs au pluriel ou au singulier.*
- un conte moral, des contes .... • des voisins heureux, un voisin ....
- un ciel bleu, des ciels .... • des artistes prétentieux, un artiste ....
- une réponse précise, des réponses .... • des vents froids, un vent ....

5 *Accorde les adjectifs.*
- des places libr...... • des grimaces affreu...... • une tarte réussi...... • des poils brun......
- une idée génial...... • des cheveux frisé...... .

Unité 5 — Grammaire

La forme négative

La forme négative **s'oppose** à la forme affirmative. Pour l'obtenir, on encadre le verbe par une des négations : **ne** (ou **n'**) **pas** ; **ne** (ou **n'**) **plus** ; **ne** (ou **n'**) **jamais** ; **ne** (ou **n'**) **rien** ; **ne** (ou **n'**) **personne**.

Je mange des fruits. → forme affirmative
Je **ne** mange **pas** de bonbons.
Je **ne** mange **plus** de bonbons. } formes négatives
Je **ne** mange **jamais** de bonbons.

1 Précise si les phrases sont à la forme affirmative (A) ou négative (N).
- Ce pont enjambe la Loire. (....) • Ils ne vendent pas de bicyclettes. (....) • Elle ne plante plus de fleurs. (....) • Il faut éviter de se tenir courbé. (....) • La sonnette ne fonctionne plus. (....) • Nous avons pris le métro. (....) • Il ne mange jamais de viande. (....) • Elle court tous les jours pour s'entraîner. (....) • Il n'aime pas ce jeu. (....) • Nous n'avons rien visité. (....)

2 Mets les phrases affirmatives à la forme négative.
Attention ! *Jamais* s'oppose à *toujours*, *aucun* à *plusieurs*, *rien* à *quelque chose*.
- Je vais toujours m'entraîner au club. ....
- Christophe a plusieurs livres. ....
- Il a fait une fausse note. ....
- Ces outils servent à quelque chose. ....
- Vous avez vu plusieurs monuments. ....

3 Mets les phrases interrogatives à la forme négative.
- A-t-elle donné son nom ? ....
- A-t-il ri en écoutant ce récit ? ....
- Joue-t-il sans tricher ? ....
- A-t-elle payé ? ....
- Avons-nous attendu ? ....

4 Mets ces phrases impératives à la forme négative.
- Faites du bruit ! ....
- Roulez en sens interdit ! ....
- Parlez au conducteur ! ....
- Prenez le téléphone ! ....
- Éloignez-vous du bord de la côte ! ....

Conjugaison

Le présent des verbes du 3ᵉ groupe

Unité 5

Aux trois personnes du singulier du présent, les terminaisons des verbes du 3ᵉ groupe sont :
- le plus souvent : **-s, -s, -t**.   je tien**s**, tu tien**s**, il *ou* elle tien**t**
- parfois : **-x, -x, -t**.   je peu**x**, je veu**x**, il *ou* elle veu**t**
- pour les verbes en **-endre** : **-ds, -ds, -d**.   je ven**ds**, tu ven**ds**, il *ou* elle ven**d**

1 *Écris les verbes au présent de l'indicatif.*

- Il ne (**craindre**) .... pas les serpents. • Elle (**faire**) .... ses exercices. • Je (**partir**) .... à pied. • Vous (**prendre**) .... votre temps. • Vous (**dire**) .... des bêtises. • (**aller**) ....-tu visiter le musée ? • Elle (**mettre**) .... sa robe neuve. • Nous (**voir**) .... mieux avec des lunettes. • Ils (**savoir**) .... leurs leçons. • Il (**pleuvoir**) .... sans cesse depuis quelques jours.

2 *Écris entre parenthèses l'infinitif des verbes.*

- Ce barrage produit (....................) de l'électricité. • Connaissez-vous (....................) bien votre ville ? • Je perds (....................) toujours mon stylo. • Le soleil apparaît (....................) à l'horizon. • Apercevez-vous (....................) le mont Blanc ? • Nous atteignons (....................) la frontière. • Ne buvez (....................) pas cette eau ! • Depuis combien de temps conduisez-vous ? (....................) • Vous confondez (....................) les deux. • Je consens (....................) à cette invitation.

3 *Complète par s, x, ts ou ds.*

- vouloir : je veu......
- joindre : je join......
- pouvoir : tu peu......
- admettre : j'adme......
- dormir : je dor......
- mettre : je me......
- courir : je cour......
- dire : tu di......
- défaire : tu défai......
- entreprendre : tu entrepren......

4 *Complète par t ou d.*

- descendre : elle descen......
- cuire : on cui......
- vendre : elle ven......
- construire : il construi......
- apprendre : elle appren......
- coudre : on cou......
- craindre : on crain......
- appartenir : elle appartien......
- croire : il croi......
- combattre : on comba......

23

Vocabulaire

Les synonymes

Les synonymes sont des mots ou des expressions qui ont des **sens voisins**. Il permettent souvent de s'exprimer **plus précisément** ou d'**éviter les répétitions**. **habile** est un synonyme de **adroit**.

1 Après chaque nom de la 1re colonne, recopie le synonyme correspondant.
- maison : .... péril
- danger : .... narration
- habit : .... habitation
- tempête : .... vêtement
- récit : .... tourmente

2 Même consigne avec les adjectifs.
- nouveau : .... gentil
- dangereux : .... sincère
- aimable : .... neuf
- souple : .... nuisible
- franc : .... flexible

3 Même consigne avec les verbes.
- fêter : .... cogner
- pencher : .... classer
- rassembler : .... célébrer
- ranger : .... incliner
- frapper : .... réunir

4 Même consigne avec les verbes.
- décorer : .... ôter
- ressentir : .... planifier
- organiser : .... patienter
- enlever : .... éprouver
- attendre : .... orner

5 Classe ces synonymes du mot **bruit** par ordre d'intensité, du plus faible au plus fort : *un grincement, un roulement, un grondement, un murmure, un tintamarre.*

....

....

6 Trouve un synonyme du mot **bruit** pour chaque expression en utilisant ces noms : *tintement, bruissement, froissement, crissement, clapotis, craquement.*
- Le bruit de la craie, c'est le ....
- Le bruit de l'eau, c'est le ....
- Le bruit des feuilles dans un arbre, c'est le ....
- Le bruit de la cloche, c'est le ....
- Le bruit du papier, c'est le ....
- Le bruit d'une allumette, c'est le ....

Orthographe

L'accord du verbe avec le sujet

Unité 6

Le verbe s'**accorde en nombre** (singulier/pluriel) et **en personne** (1ʳᵉ, 2ᵉ, 3ᵉ) **avec son sujet**.

1 *Complète en accordant chaque verbe avec son sujet.*
● Les feux clignot......... au carrefour. ● Elle disparaî......... sans relever les yeux. ● La vitesse s'accélèr......... . ● Tu constat......... son passage. ● Le compteur indiqu......... la vitesse. ● Nous nous engag......... dans le couloir. ● Deux voitures vienn......... d'entrer en collision. ● Vous fronc......... les sourcils. ● L'homme s'arrêt......... brusquement. ● Elle pren......... un chocolat au lait.

Un verbe qui a **plusieurs sujets** se met au **pluriel**.
Mon frère et mon père **sont** intéressé**s** par ton idée.

2 *Complète en accordant chaque verbe avec ses sujets.*
● Mon père et ma mère peuv......... venir à la réunion. ● Éric et Jean-Pierre on......... un magnétoscope. ● Laurent et son camarade parl......... de leur sport favori. ● Sophie et toi, vous port......... les mêmes vêtements. ● Un enfant et son chien arriv......... en courant. ● Michel et moi, nous voul......... te parler. ● L'hirondelle, la cigogne et la sterne migr......... dès les premiers froids. ● Une voiture et un camion stopp......... au feu rouge. ● Le vendeur et le client discut......... fermement. ● Les fourchettes et les assiettes se trouv......... dans le placard.

Plusieurs verbes peuvent avoir le **même sujet**. Chacun des verbes s'accorde alors avec le **groupe sujet**. Le sanglier court, s'agite et retombe.

3 *Complète en accordant chaque verbe avec le groupe sujet.*
● J'appell......... le serveur et pass......... la commande. ● Des rires éclat......... et fus......... de tous côtés. ● Nous arriv......... à l'usine et visit......... l'atelier. ● Tu présent......... ton projet et atten......... notre réaction. ● La journée commenc......... bien mais se termin......... mal.

Le groupe sujet est placé **en général avant le verbe** mais, **parfois**, il peut être situé **après**. On dit qu'il y a **inversion du sujet**. Dans ce cas, le sujet s'accorde de la **même manière**. Chutent **les feuilles**. Tombe **la neige**.

4 *Complète en accordant chaque verbe avec son sujet.*
● Dans l'étable rumine......... les vaches et s'activ......... la fermière. ● Sur l'arbre mûriss......... les pommes. ● De la terre mont......... des parfums de rose. ● Arriv......... le clown tandis qu'attend......... les fauves dans leur cage et que s'entraîn......... les acrobates. ● Alors éclat......... les applaudissements. ● Tout à coup s'élanc......... à ma rencontre mes deux amis.

Unité 6 — Grammaire

Le complément d'objet direct (COD)

> - Le complément d'objet direct (COD) est le plus souvent un **groupe nominal qui complète le groupe verbal**. Il ne peut être **ni déplacé ni supprimé**. Il est **directement lié au verbe** sans l'intermédiaire d'une préposition (**à, au, de, par, pour, sans, avec**…).   Je regarde **un film**. (COD)
> - Il peut être un pronom personnel.   Elle **les** voit.
> - Il peut être un verbe à l'infinitif.   Elle souhaite **finir**.

1 *Souligne les COD dans les phrases suivantes.*

- Le barrage retient l'eau. • Le vent secoue les branches. • On cueille des fruits. • Vous soignez le bétail. • Il achète des légumes. • Nettoie ton verre ! • As-tu acheté du pain ? • Il accuse toujours les autres. • Patrick aide souvent sa mère. • Je lave mon bol dans l'évier.

2 *Complète les phrases avec un COD.*

- Je lis ……………… . • Les ouvriers construisent ……………… . • Avez-vous fermé ……………… ? • J'entends ……………… . • Elsa écrit ……………… .

3 *Complète les phrases avec un COD quand c'est possible. Attention ! Certains verbes n'admettent pas de COD.* La forêt s'enflamme.

- L'enfant pleure ……………… . • Le marchand vend ……………… . • Ne prends pas ……………… . • Avez-vous éteint ……………… ? • Une mouche vole ……………… .

4 *Transforme les phrases en remplaçant les COD par des pronoms personnels.*
Je regarde Nicole. → Je la regarde.

- Nous entendons les enfants. Nous ………………
- Nous cueillons des champignons. ………………
- Vous mangez cette pomme. ………………
- Elles voient le carrefour. ………………
- Il compte ses disques. ………………

5 *Transforme les COD en verbes à l'infinitif.* **Il aime la nage. → Il aime nager.**

- Il aime la course. ………………
- On adore les jeux. ………………
- Elle déteste la marche. ………………
- Il souhaite le départ. ………………
- Nina n'aime pas faire la cuisine. ………………

Conjugaison
L'imparfait de l'indicatif

À l'imparfait de l'indicatif, on ajoute au radical des verbes les terminaisons suivantes : **-ais**, **-ais**, **-ait**, **-ions**, **-iez**, **-aient**.
j'essay**ais**, elles essay**aient**…

1 *Conjugue aux personnes indiquées les verbes à l'imparfait de l'indicatif.*

- payer (2ᵉ sing.) : tu ....
- dire (2ᵉ sing.) : ....
- offrir (1ʳᵉ plur.) : ....
- suivre (3ᵉ sing.) : ....
- écrire (1ʳᵉ sing.) : ....
- boire (2ᵉ plur.) : ....
- faire (2ᵉ plur.) : ....
- savoir (1ʳᵉ sing.) : ....

2 *Écris les verbes à l'imparfait de l'indicatif.*

Autrefois, on (**vendanger**) .... en famille. Il y (**avoir**) .... un jour pour chacun. D'abord, dans les cuves, on (**balayer**) .... la poussière, on (**déloger**) .... les araignées, puis l'on (**couper**) .... les grappes.

- Les verbes en **-ger** prennent un **e** entre le **g** et le **a**. Il mang**e**ait.
- Les verbes en **-cer** s'écrivent avec **ç** devant le **a**. Il commen**ç**ait.
- Il ne faut pas oublier le **i** aux deux 1ʳᵉˢ personnes du pluriel pour les verbes en **-ier**, en **-iller**, en **-gner** et en **-yer**. Épier : nous épi**i**ons.

3 *Écris les verbes à la 1ʳᵉ personne du singulier de l'imparfait de l'indicatif.*

- charger : ....
- forcer : ....
- abréger : ....
- effacer : ....
- diriger : ....
- enfoncer : ....
- patauger : ....
- exercer : ....
- voyager : ....
- glacer : ....

4 *Écris les verbes à la 1ʳᵉ personne du pluriel de l'imparfait de l'indicatif.*

- crier : nous ....
- habiller : ....
- gagner : ....
- expédier : ....
- essayer : ....
- apprécier : ....
- effrayer : ....
- marier : ....

Vocabulaire

Unité 7 — Les mots de sens contraires

> On appelle **contraires** des mots qui sont de **sens opposés**.
> dur/mou   monter/descendre

1 Après chaque nom de la 1re colonne, écris le contraire correspondant.
- jour : .... fin
- beauté : .... nuit
- joie : .... humidité
- commencement : .... laideur
- sécheresse : .... tristesse

2 Même consigne avec les adjectifs.
- plein : .... lent
- rapide : .... fragile
- léger : .... vide
- solide : .... minuscule
- énorme : .... lourd

3 Même consigne avec les verbes.
- se disputer : .... détester
- arriver : .... nettoyer
- allumer : .... se réconcilier
- adorer : .... éteindre
- salir : .... partir

4 Même consigne avec les verbes.
- réussir : .... douter
- augmenter : .... expirer
- réunir : .... échouer
- croire : .... diminuer
- inspirer : .... séparer

5 Forme des mots de sens contraires avec les préfixes **dé-**, **dés-**, **dis-**, **in-**.
- monter : ....
- accord : ....
- gonfler : ....
- utile : ....
- habiller : ....
- équilibre : ....
- continu : ....
- paraître : ....
- agréable : ....
- ranger : ....

6 Même consigne avec **il-**.
- logique : ....
- légal : ....
- lisible : ....
- limité : ....
- licite : ....

7 Même consigne avec **ir-**.
- réaliste : ....
- régulier : ....
- réel : ....
- récupérable : ....
- réfléchi : ....

Orthographe

ces - ses • mes - mais

Unité 7

> Il ne faut pas confondre **ces** (**déterminant démonstratif**) qui peut être remplacé au singulier par **ce**, **cet** ou **cette**. Ces murs sont en pierre. → ce mur
> et **ses** (**déterminant possessif**) qui peut être remplacé au singulier par **son** ou **sa**.
> Il a pris ses stylos (les siens). → son stylo

1 *Écris au singulier.*
- ces habitants : ....
- ses chemises : ....
- ces tapis : ....
- ses chaussures : ....

2 *Même consigne.*
- ses cheveux : ....
- ces rires : ....
- ses yeux : ....
- ces vitrines : ....

3 *Complète en écrivant ces ou ses.*
- Regarde .... nuages ! • Il a repris .... livres. • Elle a rangé soigneusement .... jeux.
- .... oiseaux volent bas. • J'ai visité la Tunisie et .... oasis. • L'oiseau avait perdu .... plumes. • .... montagnes sont difficiles à escalader. • Il ne retrouve plus .... cahiers.
- .... poissons nagent très rapidement. • .... magasins sont bien décorés.

> Il ne faut pas confondre **mes** (**déterminant possessif**) qui peut être remplacé au singulier par **mon** ou **ma**. Où sont mes crayons ? → mon crayon
> et **mais** (**conjonction de coordination**) qui marque une **opposition**.
> Il fait beau, mais le temps risque de changer.

4 *Écris au singulier.*
- mes questions : ....
- mes animaux : ....
- mes lettres : ....
- mes fleurs : ....

5 *Même consigne.*
- mes rideaux : ....
- mes foulards : ....
- mes draps : ....
- mes poésies : ....

6 *Complète en écrivant mes ou mais.*
- Nous avons bien mangé, ... c'était cher. • .... jambes me font souffrir depuis l'accident. • Je vous remercie, ... enfants. • La voiture était neuve .... plus très propre. • Je lui ai proposé .... gâteaux, ... il n'en a pas voulu. • Je répète .... explications, ... vous n'écoutez pas. • L'été est agréable, ... un peu frais.
- Je me souviens de .... promenades.

Unité 7 — Grammaire

Le complément d'objet indirect (COI)

> • Le complément d'objet indirect (COI), comme le COD, est un **groupe nominal qui complète le groupe verbal**.
> • Il ne peut être **ni déplacé ni supprimé**, mais il est **relié au verbe par une préposition** : **à, au, de, par, pour, sans, avec**...
> • Le COI peut, lui aussi, être un pronom personnel. Je pense à **lui**.

1 *Souligne les COI dans les phrases suivantes.*

• Toute la journée il joue aux cartes. • Elle discute avec son oncle. • L'élève pense au problème. • Je ne crois pas aux fantômes. • On s'éloigne de la sortie. • Souvent, nous pensons à notre enfance. • Il s'amuse avec ses voitures miniatures. • La cueillette des olives donne lieu à une fête. • Vous souvenez-vous des beaux jours ?

2 *Même consigne. Attention ! Certains verbes peuvent avoir un COD et un COI.*

• Il a promis un cadeau à son fils. • Elle a sauvé la vie à plusieurs personnes. • Il a emprunté la pelle au maçon. • Elle a donné sa place à son amie. • Éric a écrit une lettre à son oncle. • Sébastien aide son père au nettoyage de la voiture. • La terre humide et grasse collait aux semelles des souliers. • Sur ce tableau de Van Gogh, les bleus contrastent avec les jaunes. • Ne vous opposez pas toujours aux autres ! • Ne vous fiez pas aux apparences !

3 *Complète les phrases avec un COI. Pense à utiliser des prépositions !*

• L'agent a communiqué des renseignements ....
• Elle ouvre la porte ....
• Il s'est rapproché ....
• Le pigeon appartient ....
• J'ai avoué mon erreur ....
• Nous avons raconté notre aventure ....
• Méfiez-vous ....

4 *Remplace les groupes nominaux par des pronoms personnels (lui, leur, eux, y).*
Je pense à mes cousins. → Je pense à eux.

• Je parle à ma sœur. ....
• Il pense à ses voyages. ....
• Elle n'a pas parlé à Chantal. ....
• Il déplaît beaucoup à ses ennemis. ....
• A-t-elle désobéi à sa mère ? ....

Conjugaison
Le futur simple de l'indicatif

- Au futur simple de l'indicatif, on ajoute à l'infinitif des verbes les terminaisons suivantes : **-ai**, **-as**, **-a**, **-ons**, **-ez**, **-ont**.
- Pour les verbes du 3ᵉ groupe en **-re**, on supprime le **e** final de l'infinitif.
  prendre : je prendr**ai** ; boire : nous boir**ons**.

1 Conjugue aux personnes indiquées les verbes au futur simple de l'indicatif.
- regarder (2ᵉ sing.) : ....
- finir (3ᵉ plur.) : ....
- coucher (1ʳᵉ plur.) : ....
- trahir (2ᵉ sing.) : ....
- garder (1ʳᵉ sing.) : ....
- frémir (3ᵉ plur.) : ....
- fermer (3ᵉ sing.) : ....
- avertir (2ᵉ plur.) : ....
- compter (2ᵉ plur.) : ....
- choisir (1ʳᵉ sing.) : ....

2 Écris les verbes au futur simple de l'indicatif.
Bientôt, de gros nuages (**se rassembler**) .... dans le ciel. Une rafale de vent (**se lever**) ...., elle (**courber**) .... les peupliers qui (**gémir**) .... dans le noir. Des trombes furieuses (**déverser**) .... des torrents.

3 Indique l'infinitif des verbes conjugués.
Demain, je retrouverai (...................) mon chien au poil laineux. J'étendrai (...................) ma main pour le caresser. Il s'approchera (...................) doucement de moi, posera (...................) ses pattes sur ma poitrine. Alors, il me sentira (...................), me reniflera (...................) doucement. Puis il ira (...................) se coucher dans la fougère. Je l'embrasserai (...................) sur son nez froid.

4 Conjugue les verbes au futur de l'indicatif (tu peux utiliser le **Bescherelle école**).

AVOIR	ÊTRE	ALLER	POUVOIR	SAVOIR
j'...........	je...........	j'...........	je...........	je...........
tu...........				
il...........	elle...........	on...........		
nous...........				
vous...........				
ils...........	elles...........			

Unité 8 — Vocabulaire

Les homonymes

On appelle homonymes des mots qui se **prononcent de la même façon**, qui peuvent **s'écrire** de **façon identique** ou **différente**, mais qui ont des **sens distincts**.

le **vin** / **vingt**   le **poids** / un (petit) **pois**   la **chair** / **cher**

1 **Nous nous écrivons de la même façon, mais nous sommes différents. Qui sommes-nous ?**

- – Je suis une note de musique : .... – Je suis à l'opposé du plafond : ....
- – Je suis un fruit : .... – Je defends les accusés : ....
- – Je suis un tissu léger : .... – Je sers à faire avancer certains bateaux : ....

2 **Complète les phrases avec les homonymes indiqués.**

- *voie, voix*

Le chanteur a perdu sa .... Une voiture circule sur une .... interdite.

- *cygne, signe*

On lui a fait un .... de la main. Le .... est un oiseau gracieux.

- *bout, boue*

Il rit à tout .... de champ. Il patauge dans la ....

3 **Même consigne.**

- *gai, guet*

Pendant sa surveillance, il fait le .... Il est très .... , car il a reçu de bonnes nouvelles.

- *cou, coup*

J'ai entendu un .... de feu. Voici le héron au long bec emmanché d'un long ....

- *porc, port*

Maman a acheté un rôti de .... Les bateaux sont tous rentrés au ....

4 **Nous nous écrivons différemment, nous existons au masculin ou au féminin avec des significations différentes. Qui sommes-nous ?**

- Monsieur est papa : .... Madame assemble par deux : ....
- Monsieur dirige une ville : .... Madame est maman : ....
- Monsieur est long, fin et parfois en fer : ....
  Madame est une rangée : ....

Corrigés détachables • Français CM1

À la fin de chaque page, tu peux noter le nombre d'exercices que tu as très bien (●), moyennement (●) ou pas réussis (●).

Unité 1

Vocabulaire (p. 4)

1. • robe claire/vêtement féminin. • robe du vin/couleur. • robe des champs/avec la peau. • robe de chambre/vêtement d'intérieur.
2. • pomme d'Adam/partie du cou. • pomme du chou/cœur. • pomme de mon arrosoir/renflement percé de trous. • pomme reinette/fruit.
3. • dresser sa tente : la monter. • dresser un animal : le dompter. • dresser l'oreille : écouter. • dresser une liste : l'écrire.
4. • porter secours : aider. • porter des lunettes : les mettre. • porter la main sur quelqu'un : frapper. • porter sur les nerfs : énerver.
5. *Par ex. :* • *nez :* avoir le nez fin (être prévoyant), mener par le bout du nez (faire faire ce qu'on veut), mettre le nez dehors (sortir). • *nerf :* le nerf de la guerre (l'argent), la guerre des nerfs (provoquer une tension), passer ses nerfs sur quelqu'un (faire retomber sa colère sur lui). • *cœur :* avoir bon cœur (être généreux), en avoir le cœur net (chercher à être sûr de quelque chose), ne pas porter dans son cœur (ne pas aimer).

Orthographe (p. 5)

1. vase, valise, liste, poussin, trésor, maison, vaisseau, visite, troisième, glissade, émission, cerise, laisse.
2. garage, figue, bague, gazon, naviguer, bagages, fatigant, gobelet, gorille, guérir.
3. caisse, éducation, cage, quitter, vacarme, question, képi, découpage, kangourou, cadenas, kilo.
4. leçon, cinéma, racine, lionceau, balançoire, ceinture, façon, français, cérémonie, bicyclette.
5. joie, vengeance, villageois, orangeade, jour, pigeon, justice, encourageant, nageoire, rougeole.

Grammaire (p. 6)

1. • Michka est un petit ours en peluche. • Le pêcheur est tout surpris de prendre une sirène dans ses filets. • La fille de la reine est tombée dans un profond sommeil. • Le petit garçon s'en va tout triste.
2. • Les habitants se rassemblent au clair de lune. Ils portent des guirlandes de fleurs autour du cou. Ils dansent au son de la guitare. • Victor plonge son filet dans l'eau. Il espère prendre de beaux poissons. Hélas, il n'a pris qu'une grenouille qui saute, affolée. • Il était une fois un roi très riche. Il voulut se faire bâtir un somptueux palais. Il fit rechercher le meilleur architecte de son royaume.
3. *Par ex. :* • Le lendemain, le soleil se leva, radieux, dans un ciel tout bleu. • Papa conduit la voiture à toute allure. • « Je n'ai plus mal au dos », dit le petit garçon. • Mon père avait emporté ses lunettes et son journal pour le lire. • À la fin de l'histoire, la sorcière se retrouva enfermée dans la cave.

Conjugaison (p. 7)

1. *Il faut souligner :* • souffle • lèverai • murmura • est planté.
2. *Il faut souligner :* • utilise • regarde • se repose • change.
3. • nous • elles • il • elles • vous.
4. *Par ex. :* • Nicolas • Les vieilles dames • La petite fille • Des arbres.
5. • Nous traversons • Je ramasse • Vous pensez • On tire.

Unité 2

Vocabulaire (p. 8)

1. • distribue • escalade • bondit • tricote • cuisine.
2. • enfile • endosse • range • place • pose.
3. • l'assaut • l'émotion • la collision des voitures s'est produite • l'impact • le conflit.
4. *Par ex. :* • poussent • circulent • s'entraînent • tombe • nagent.

Orthographe (p. 9)

1. • a réglé • a travaillé à • il a beaucoup... à • elle a peu d'argent à... • Pierre a appris à • Elle a voyagé.
2. • Il a du mal à • Elle a son stylo à • Mon frère a • à l'affût... à la chasse • J'habite à • Elle a rencontré... à.
3. • On pense... ceux qui ont • Ils ont • On a • A-t-on • On ira • Ils ont pris • Elles ont • On a retrouvé... qui ont.
4. • est froid et • La vache est • Elle est... et écoute • Recopiez et • est... et • est... et.
5. • Le roi et son fils sont • Où sont • Son cahier • Quelles sont • Son frère et son... sont allés • son dessin • son conseil.

Grammaire (p. 10)

1. • J'avais une nouvelle amie. • Voilà une excellente réponse.
2. • N • V • N • V • N
3. • En vente. • Baisse des prix. • Soldes. • Légère reprise du tourisme.
4. *Il faut garder :* • les enfants jouaient. • On allait au lit. • Il fit couler la farine. • Alban regarda son fils.

Conjugaison (p. 11)

1. • apprendre • dévorer • nager • admettre • jaunir.
2. battre (3), avouer (1), vivre (3), bouillir (3), bercer (1), frémir (2), permettre (3), cacher (1), pâlir (2), peindre (3).

3. • passée • présente • passée • future • présente.
4. • passée • présente • présente • future • passée.
5. • ont volé *ou* volaient • allumeront *ou* vont allumer • ont fleuri *ou* fleurissaient • sera.

Unité 3

Vocabulaire (p. 12)

1. re/laver, dé/faire, sur/exposer, micro/film, mé/dire, inter/venir, pré/chauffer, auto/route, in/expliqué, auto/cuiseur.
2. *À rayer :* recette, reflet, regard, record.
3. • trouver de nouveau • peindre de nouveau • chercher de nouveau • charger de nouveau • conduire de nouveau.
4. • antirouille • antimites • antipelliculaire • antibrouillards • antipoison.
5. • amaigrir • éclaircir • amincir • aplatir • élargir.
6. préoccupée, revenaient, maladroit, infatigable, extraordinaire, mésaventure.

Orthographe (p. 13)

1. village (M), plainte (F), vent (M), peau (F), renard (M), journée (F), dent (F), feu (M), plongeon (M), beurre (M), père (M), savonnette (F), trésor (M), problème (M), saison (F).
2. une usine, une porte, du charbon, la terre, la nuit, le jour, un animal, mon frère, mon oncle, une ville, un rire, un gâteau, une phrase, une difficulté, une olive.
3. • passante • porteuse • voyageuse • grand-mère • Indienne.
4. • conducteur • roi • héros • fils • religieux.
5. • masseuse • femme • institutrice • paysanne • tigresse.
6. • spectateur • promeneur • nouveau • fermier • épicier.

Grammaire (p. 14)

1. • Tu réponds • Vous chantez • Nous écrivons • Les voyageurs attendent • Nathalie essaie.
2. *Il faut souligner :* • Le soleil • L'abeille • Tu • Les marins • J' • Les feux de signalisation • Un musicien • les feuilles • Une longue réflexion.
3. *Par ex. :* • Le facteur • Mon voisin • Cet homme • Jouer • Les élèves.
4. • elles • ils • elle • nous • vous.
5. • écouter • travailler • mentir • oublier • écrire.

Conjugaison (p. 15)

1. • tu trouves • ils/elles montent • nous visitons • tu devines • je vote • on dicte • il/elle répare • vous ajoutez • vous parlez • j'agite.
2. • flotte • broutent • frappe • fixons • roule.

3. (nous) • changeons • forçons • chargeons • effaçons • abrégeons • enfonçons.
4. (on, il, elle) • pèle • épelle • attelle • nivelle • harcèle *ou* harcelle • volette • inquiète • empaquette • amoncelle • renouvelle.

Unité 4

Vocabulaire (p. 16)

1. baign/oire, dans/eur, actr/ice, baign/ade, venge/ance, offr/ande, lav/age, peint/ure, fourn/isseur, moqu/erie.
2. • lavable • mangeable • habitable • faisable • jetable.
3. • fierté • splendeur • bêtise • mensonge • paresse.
4. • finition • lavage • accusation • assemblage • dérangement.
5. • français • marocain • anglais • italien • portugais • américain • tunisien • hollandais • sicilien • autrichien.

Orthographe (p. 17)

1. • ruines (P), maison (S) • lunettes (P), grand-mère (S), bureau (S) • boulanger (S), une fournée (S), pains (P), gâteaux (P), fête (S).
2. *Ne changent pas :* ananas, pays, oasis, tapis, nez, gazouillis, puits, Gaulois, riz, fracas, paradis.
3. coucous, cailloux, matous, bijoux, bambous, sous, filous, clous, genoux, trous.
4. • journaux • chacals • détails • bals • travaux.
5. • tuyaux • maux • locaux • radeaux • neveux.

Grammaire (p. 18)

1. • E • INT • D • D • E.
2. • L'ambulance traversa-t-elle... ? • Le clown se maquille-t-il ? • Julie est-elle assise ? • Regarde-t-il... ?
3. • Que la maison est propre ! • Comme il mange salement ! • Que ces fleurs sont belles ! • Quelle belle journée !
4. • Chante-nous une chanson ! • Demandez votre chemin au gardien ! • Méfions-nous de ces nuages noirs ! • Réveille-toi plus tôt !

Conjugaison (p. 19)

1. • tu bondis • ils/elles fleurissent • nous brunissons • tu élargis • j'avertis • elle finit • il/elle choisit • vous obéissez.
2. • aboutissent • accomplit • adoucissent • trahit • grossissons.
3. *Par ex. :* • Le médecin guérit. • Les fleurs s'épanouissent. • Nous garnissons. • Vous finissez.
4. • je suis • vous êtes • tu es.
5. • nous avons • tu as • il/elle a.

Unité 5

Vocabulaire (p. 20)

1 • déchanter, chanson, chanteur, chansonnier, chantage.
• soulever, soulèvement, élever, élevage, élévateur.
• comptable, comptabilité, comptabilisé, compte, comptant. • dépeupler, surpeupler, population, peuplement, peuple. • racheter, rachat, achat, achetable, acheteur.

2 • admirer : admiration, admirable. • venger : vengeance, vengeur. • adorer : adoration, adorable. • satisfaire : satisfaction, satisfaisant. • plaisanter : plaisanterie, plaisant.

3 *Mots à barrer :* • courage • allure • pelle • bateau • tarte.

4 *Mots à barrer :* • électeur • saucisse • placard • feutre • couple.

Orthographe (p. 21)

1 • articulées (F/P) • vides (F/P) • pointu (M/S)
• principale (F/S) • clignotant (M/S) • impardonnable (F/S)
• hautes (F/P) • pratiques (M/P) • amusants (M/P)
• inimaginable (F/S).

2 *Par ex. :* • une femme intelligente • des exercices difficiles
• un rocher énorme • un travail fatigant • un sportif brutal
• des gens normaux • des histoires vraies • une place gratuite • des habits nouveaux • des gestes amicaux.

3 • muette • gentille • fraîche • long • ancien • cruel.

4 • moraux • bleus • précises • heureux • prétentieux • froid.

5 • libres • affreuses • réussie • bruns • géniale • frisés.

Grammaire (p. 22)

1 • A • N • N • A • N • A • N • A • N • N.

2 • Je ne vais jamais • Christophe n'a aucun livre
• Il n'a pas fait • Ces outils ne servent à rien
• Vous n'avez vu aucun monument.

3 • N'a-t-elle pas donné • N'a-t-il pas ri • Ne joue-t-il pas
• N'a-t-elle pas • N'avons-nous pas.

4 • Ne faites pas • Ne roulez pas • Ne parlez pas
• Ne prenez pas • Ne vous éloignez pas.

Conjugaison (p. 23)

1 • craint • fait • pars • prenez • dites • Vas • met • voyons
• savent • pleut.

2 • produire • connaître • perdre • apparaître • apercevoir
• atteindre • boire • conduire • confondre • consentir.

3 • veux • joins • peux • admets • dors • mets • cours
• dis • défais • entreprends.

4 • descend • cuit • vend • construit • apprend • coud
• craint • appartient • croit • combat.

Unité 6

Vocabulaire (p. 24)

1 • maison/habitation • danger/péril • habit/vêtement
• tempête/tourmente • récit/narration.

2 • nouveau/neuf • dangereux/nuisible • aimable/gentil
• souple/flexible • franc/sincère.

3 • fêter/célébrer • pencher/incliner • rassembler/réunir
• ranger/classer • frapper/cogner.

4 • décorer/orner • ressentir/éprouver
• organiser/planifier • enlever/ôter • attendre/patienter.

5 • murmure, grincement, roulement, grondement, tintamarre.

6 • crissement • clapotis • bruissement • tintement
• froissement • craquement.

Orthographe (p. 25)

1 • clignotent • disparaît • s'accélère • constates • indique
• engageons • viennent • froncez • s'arrête • prend.

2 • peuvent • ont • parlent • portez • arrivent • voulons
• migrent • stoppent • discutent • se trouvent.

3 • appelle et passe • éclatent et fusent • arrivons et visitons
• présentes et attends • commence mais se termine.

4 • ruminent et s'active • mûrissent • montent • arrive, attendent, s'entraînent • éclatent • s'élancent.

Grammaire (p. 26)

1 • l'eau • les branches • des fruits • le bétail
• des légumes • ton verre • du pain • les autres
• sa mère • mon bol.

2 *Par ex. :* • Je lis un livre • construisent une maison
• fermé la porte • J'entends du bruit • écrit une lettre.

3 *Par ex. :* • pleure *ou* pleure son chien • vend des fruits
• Ne prends pas ce stylo • éteint la lumière
• vole (sans COD).

4 • Nous les entendons. • Nous les cueillons.
• Vous la mangez. Elles le voient. • Il les compte.

5 • Il aime courir. • On adore jouer. • Elle déteste marcher.
• Il souhaite partir. • Nina n'aime pas cuisiner.

Conjugaison (p. 27)

1 • tu payais • tu disais • nous offrions • il/elle suivait
• j'écrivais • vous buviez • vous faisiez • je savais.

2 • vendangeait, avait, balayait, délogeait, coupait.

3 • je chargeais • forçais • abrégeais • effaçais • dirigeais
• enfonçais • pataugeais • exerçais • voyageais • glaçais.

4 • nous criions • habillions • gagnions • expédiions
• essayions • appréciions • effrayions • mariions.

Unité 7

Vocabulaire (p. 28)

1. • jour/nuit • beauté/laideur • joie/tristesse • commencement/fin • sécheresse/humidité.
2. • plein/vide • rapide/lent • léger/lourd • solide/fragile • énorme/minuscule.
3. • se disputer/se réconcilier • arriver/partir • allumer/éteindre • adorer/détester • salir/nettoyer.
4. • réussir/échouer • augmenter/diminuer • réunir/séparer • croire/douter • inspirer/expirer.
5. • démonter • désaccord • dégonfler • inutile • déshabiller • déséquilibre • discontinu • disparaître • désagréable • déranger.
6. • illogique • illégal • illisible • illimité • illicite.
7. • irréaliste • irrégulier • irréel • irrécupérable • irréfléchi.

Orthographe (p. 29)

1. • cet habitant • sa chemise • ce tapis • sa chaussure.
2. • son cheveu • ce rire • son œil • cette vitrine.
3. • ces nuages • ses livres • ses jeux • Ces oiseaux • ses oasis • ses plumes • Ces montagnes • ses cahiers • Ces poissons • Ces magasins.
4. • ma question • mon animal • ma lettre • ma fleur.
5. • mon rideau • mon foulard • mon drap • ma poésie.
6. • mais • Mes jambes • mes enfants • neuve mais… • mes gâteaux, mais il… • mes explications, mais vous n'écoutez pas • agréable, mais • mes promenades.

Grammaire (p. 30)

1. Il faut souligner : • aux cartes • avec son oncle • au problème • aux fantômes • de la sortie • à notre enfance • avec ses voitures miniatures • à une fête • des beaux jours.
2. Il faut souligner : • à son fils • à plusieurs personnes • au maçon • à son amie • à son oncle • au nettoyage de la voiture • aux semelles des souliers • avec les jaunes • aux autres ! • aux apparences !
3. Par ex. : • aux services ennemis • à la maîtresse • du but • au fermier • à mon père • à nos amis • des coups de soleil.
4. • Je lui parle. • Il y pense. • Elle ne lui a pas parlé. • Il leur déplaît. • Lui a-t-elle désobéi ?

Conjugaison (p. 31)

1. • tu regarderas • nous coucherons • je garderai • il/elle fermera • vous compterez • ils/elles finiront • tu trahiras • ils/elles frémiront • vous avertirez • je choisirai.
2. se rassembleront. se lèvera. courbera. gémiront. déverseront.
3. retrouver. étendre. s'approcher. poser. sentir. renifler. aller. embrasser.
4. • j'aurai, tu auras, il/elle aura, nous aurons, vous aurez, ils/elles auront • je serai, tu seras, il/elle sera, nous serons, vous serez, ils/elles seront • j'irai, tu iras, on ira, nous irons, vous irez, ils/elles iront • je pourrai, tu pourras, on pourra, nous pourrons, vous pourrez, ils/elles pourront • je saurai, tu sauras, on saura, nous saurons, vous saurez, ils/elles sauront.

Unité 8

Vocabulaire (p. 32)

1. • sol • avocat • le voile, la voile.
2. • voix, voie • signe, cygne • bout, boue.
3. • guet, gai • coup, cou • porc, port.
4. • père et paire • maire et mère • fil et file.

Orthographe (p. 33)

1. • n'y pouvons, ni l'heure ni le moment • ni pull-over ni veste • On n'y voit, il n'y a ni fenêtre ni éclairage • n'y habite.
2. • la ville où • des roses ou des tulipes • à 9 h ou à 10 h • un caniche ou un cocker • où va ce car • Pierre ou Stéphane • Où allons-nous • Où as-tu • bibliothèque ou dans le • un réveil ou une horloge.
3. • La carafe est posée là • elle est là • là que tu habites • n'est plus là ; la table • La pomme et la poire • se placera là • la feuille.
4. • l'a remplacé • Il la voit… qu'il l'a rencontrée. • la punit-il… ne l'a pas mérité. • on la mangera ; l'a bien préparée. • Elle la prend • Il la regarde • Il l'a retrouvée.

Grammaire (p. 34)

1. Il faut souligner : • à cinq heures • à toute allure • En automne • ce soir • dans ces bois • dans la maison • dans les champs • Avec une grande souplesse ; dans les buissons • quand vous aurez terminé votre travail.
2. • Le lièvre s'arrêta. • Le garde chassait les renards. • Cette lampe éclaire la pièce. • Un arbre solitaire résiste au vent • Ce fleuve provoque des inondations importantes.
3. Par ex. : • En automne • chez le poissonnier • Souvent • sur la table • Demain matin.
4. CCT. CCL. CCL. CCL. CCM. CCT. CCM. CCM. CCL. CCL.

Conjugaison (p. 35)

1. • marcha, marchèrent • finit, finirent • parla, parlèrent • salit, salirent • donna, donnèrent • bondit, bondirent • roula, roulèrent • remplit, remplirent • mangea, mangèrent • offrit, offrirent.
2. • j'eus, vous eûtes • je fus, vous fûtes • je fis, vous fîtes • je voulus, vous voulûtes • je pris, vous prîtes • je dus, vous dûtes • je lus, vous lûtes • je couvris, vous couvrîtes • je battis, vous battîtes • je sus, vous sûtes.
3. prit, souffla. s'envola. alla. tomba.
4. s'apercevoir. entendre. sursauter, découvrir. avoir, sourire.

Unité 9

Vocabulaire (p. 36)

1. • SP. SF. • SP. SF. • SP. SF. • SF. SP. • SP. SF.

2. • tenter, abandonner • étouffer, parcourir • s'éloigner, oublier • faire réussir, embêter • échouer, risquer.

3. *dent* : en vouloir à quelqu'un ; être très armé.
   diable : être insupportable ; avoir bon caractère.
   cri : protester ; exiger.
   cheveux : invraisemblable ; avoir un défaut de prononciation.
   coup : ennui ; piège.

Orthographe (p. 37)

1. • tout le gâteau • tout son entourage • toutes les fleurs • tous leurs enfants • tout son pelage • toutes vos images • toutes ses plumes • toute une vie • toute la musique • tout un repas.

2. • toute la classe (F/S) • tout son courrier (M/S) • tous les paquets (M/P) • toute l'eau (F/S) • tous les contes (M/P) • tout l'hiver (M/S) • toutes les revues (F/P) • tous les animaux (M/P) • tous les cris (M/P) • toutes les planches (F/P).

3. • leur dicte leurs exercices • On leur a demandé leurs cartes • Leurs chansons leur reviennent • leurs chaises. • leur classe • On leur racontera • Elle leur parle.

4. • Leur (D) voyage • il faut leur (PP), leur (D) salle • leur (D) dessin • Leur (D) chat ; il leur (PP) donne • Leur (D) chemin, il leur (PP) faut • leur (D) jardin • leur (PP) apprendre.

Grammaire (p. 38)

1. • M. D. M. D. M. M. M. M. D.

2. *Par ex.* : • derrière un nuage • autour de la lampe • sur une fleur • au-dessus du village • dans ce cinéma.

3. • dans le sol (GN) • tranquillement (A), dès qu'il est seul (P) • Hier (A), par hasard (GN) • bientôt (A) • sur le chemin caillouteux (GN) • Quand le temps se radoucit (P) • Le mois dernier (GN), convenablement (A).

4. • Quand son dîner était fini (P), confortablement (A), dans son fauteuil (GN) • Depuis deux jours (GN), dans la plaine (GN) • Au-dessus de nous (GN) • Dans le silence du midi brûlant (GN), gaiement (A) • Au moindre bruit (GN), brusquement (A).

Conjugaison (p. 39)

1. I. I. I. PS. PS. I. I. I. PS. PS.

2. • D • P • H • H • P.

3. • S • MP • MP • S • S.

4. • Soudain le lapin partit • Tout à coup on entendit • Alors la porte s'ouvrit • Alors j'étendis • Soudain mon chien Jip poussa.

Unité 10

Vocabulaire (p. 40)

1. • s'esclaffer, rire, rigoler • se nourrir, manger, bouffer • partir, filer, se tirer • dégringoler, tomber, se casser la figure.

2. • être dur de la feuille : entendre mal • boire du petit lait : éprouver de la satisfaction • à toute pompe : à toute vitesse • laisser tomber : abandonner.

3. • Je suis souffrant. • Je mange. • J'en ai assez. • Ce film est très intéressant.

4. J'ai reçu un bel appareil photographique. Je voulais l'emporter à l'école. Mon père ne voulait pas, mais ma mère m'en a donné l'autorisation. Nous avons fait beaucoup de belles photographies.

Orthographe (p. 41)

1. • quelles pages • quel chemin • quel oiseau • quelle chemise • quel(le)s élèves • quelles musiques • quel livre • quels travaux.

2. • Quelle chance qu'elles soient • De quelles fleurs • qu'elles vous aident • Quelles longues files.

3. • soigneusement • malheureusement • peureusement • légèrement • paresseusement • silencieusement • tranquillement • doucement.

4. • sèche • sérieuse • heureuse • lourde • adroite • petite • scandaleuse • miraculeuse • frileuse • affreuse.

Grammaire (p. 42)

1. • amusant (M/S) • habiles (M/P) • longue (F/S) • sec (M/S) • brutal (M/S).

2. • des agents secrets • une route nationale • une opération chirurgicale • des paroles rassurantes.

3. *Par ex.* : • musique mélodieuse • pays chaud • rivière profonde • fête réussie • montagne élevée • coureurs cyclistes.

4. *Il faut souligner* : • de télévision • sans pain • d'été • de chaise • à bille.

5. *Par ex.* : • du pain de seigle • la porte de la classe • de l'huile d'olive • un complément de nom • un sac de billes.

Conjugaison (p. 43)

1. • elles ont écouté • elles sont arrivées • elles sont parties • elles ont fait • elles sont venues • elles ont fini • elles ont pris • elles sont devenues • elles sont allées • elles ont lancé.

2. • j'ai eu • j'ai été • j'ai pu • j'ai dit • j'ai mis • j'ai grossi • j'ai senti • j'ai vu • j'ai rendu • j'ai reçu.

3. a dérapé. a heurté. a appelé. sont arrivés. a conduit.

4. on a sonné. Alex a froncé les sourcils : cela n'est jamais arrivé. La sonnerie a retenti. Il a ressenti.

Unité 11

Vocabulaire (p. 44)

1. À garder chaton. Région Libourne. Juillet. 5 €/jour. tél. : 05 57 00 00 00.
2. *Réponse libre.* Demande à un adulte.
3. Le matin, ciel couvert sur les Pyrénées, faibles pluies dans l'après-midi. Températures fraîches : 6 à 8 °C le matin, 16 à 18 °C l'après-midi.
4. *Par ex. :* Châteaux hantés. Curieux bruits. Fantômes en pays de Loire.

Orthographe (p. 45)

1. détail, ferraille, grisaille, vitrail, médaille, éventail, bétail, volaille, pagaille, portail.
2. abeille, corbeille, réveil, bouteille, il accueille, conseil, se réveille, sommeil, éveil, orteil.
3. écureuil, cerfeuil, feuille, fauteuil, bouvreuil, seuil, treuil, deuil, portefeuille.
4. • broussailles • rails • rouille • effeuille • recueille.
5. • *accueillir* : j'accueille, tu accueilles, il accueille
   • *sommeiller* : je sommeille, tu sommeilles, elle sommeille
   • *réveiller* : je réveille, tu réveilles, on réveille.
6. • *fouiller* : je fouille, tu fouilles, il fouille
   • *assaillir* : j'assaille, tu assailles, on assaille
   • *ravitailler* : je ravitaille, tu ravitailles, elle ravitaille.

Grammaire (p. 46)

1. *Par ex. :* • semble tranquille • reste sage • paraît féroce • sembles fatiguée • devient frais.
2. *Il faut souligner :* • moderne • superbes • triste • content • déserte.
3. *Par ex. :* • tricolore • épanouies • épuisés • étonné • passionnant.
4. *Il faut souligner :* • un mammifère • un oiseau migrateur • un navigateur • un poète français • un moustique.
5. *Par ex. :* • un roman policier • un bricoleur • des fruits de saison • une décapotable • un fleuve irrégulier.

Conjugaison (p. 47)

1. • elles avaient écouté • étaient arrivées • étaient parties • avaient fait • étaient venues • avaient fini • avaient pris • étaient devenues • étaient allées • avaient chanté.
2. • j'avais eu • tu avais été • il avait pu • nous avions dit • vous aviez mis • elles avaient grossi • j'avais senti • tu avais vu • elle avait rendu • nous avions reçu.
3. • avais roulé • avait crevé • avait sauté • avaient dépassé • m'étais senti.
4. • s'était levé • avaient chanté • avions pris • avais collé.

Unité 12

Vocabulaire (p. 48)

1. • téléfilm • magazine • journal • direct • rediffusion.
2. • des variétés/divertir • le journal télévisé/informer • la télévision scolaire/instruire • une émission scientifique/documenter • un film triste/émouvoir.
3. • télévision : transmission d'images à distance • téléspectateur : celui ou celle qui regarde la télévision • télécommande : appareil qui permet de commander à distance • télédiffusion : diffusion d'une émission à la télévision.
4. • fantastique • palpitant • inédit • talentueux • hebdomadaires.

Orthographe (p. 49)

1. • matinée • bordée • journée • plongée • année • vallée • soirée • volée • coudée • destinée.
2. • bouchée • nichée • cuillerée (*ou* cuillérée) • maisonnée • poignée • fournée • brassée • becquée.
3. • fermeté • instabilité • brutalité • timidité • agilité • légèreté • liberté • méchanceté • fierté • immensité.
4. • qualité • gaieté • humidité • portée • dictée • facilité • moitié • agilité • pauvreté • curiosité • amitié.

Grammaire (p. 50)

1. • FA • FP • FP • FA • FP • FA • FP • FP • FA • FA • FP.
2. • Le véhicule était tiré par un tracteur. • Un nid est construit par l'oiseau. • La voiture a été nettoyée par le garagiste. • Le jeu sera réparé par Patrick. • Un travail précis est fait par l'ouvrier.
3. • Tous les élèves apprennent ce poème. • L'employé lui a donné un précieux renseignement. • Ce pianiste interprète la sonate. • Le vent soulève la poussière. • Parfois en hiver, les eaux du fleuve envahissent les prés.

Conjugaison (p. 51)

1. • s'attendre, s'écrouler • s'approcher, s'envoler • se croire.
2. • il (elle) se blessa • je me couperai • nous nous souvenions • ils (elles) se blottissent • tu t'es aperçu(e).
3. *Par ex. :* • Nous nous sommes poursuivis dans la cour. • Elle s'est étonnée en écoutant ce récit. • Nous nous entendons très bien. • Elle s'est adressée aux organisateurs. • Vous vous êtes cachés sous l'escalier.
4. s'étale. s'arrête. se dit. se détachent. s'éloigne.

Unité 13

Vocabulaire (p. 52)

1. La vignette 1 doit montrer Nicolas en train de jouer à la balle. La 2 doit indiquer que Nicolas a tiré, qu'Alexis s'est baissé et que la balle a cassé le carreau. La 3 montre la fin de la récréation et l'arrivée de la maîtresse.

2. et 3. Réponses libres. Demande à un adulte de vérifier.

Orthographe (p. 53)

1. • cassées • distribuées • ramassés • arrosées • descendus • égaré • inondés • terminés • gelés • dévouée.

2. • écroulées • déguisés • alignées • servi • attendus • affamés • rétabli • fatiguée • habillées • imprimé.

3. • poussé. pousser • garder. gardé • mérité. mériter • hurlé. hurler • libéré. libérer.

4. • multiplié, diviser • rangé, laisser • aimé • dîner • joué • emmener • regardé • chanter.

Grammaire (p. 54)

1. Il faut souligner en bleu :
• nous... • les vendangeurs... • L'enfant...
• mes parents... • Le garagiste...
Il faut souligner en vert :
• avons fait... • cueillent... • a préparé...
• (m')emmèneront... • répare...

2. • Tu nous a raconté des histoires (s). • Je suis partie à la recherche de mon frère et je l'ai retrouvé au fond du magasin (c). • Les brebis bêlaient dans les alpages (s). • Nous avons visité un château et nous avons mangé au restaurant (c). • Le monsieur s'excusa et prit congé (c).

3. • J'aime me promener en forêt et je passe mon temps à observer les insectes (c). • Il a travaillé tout l'après-midi et s'est endormi (c). • Le seul souvenir de cet événement me faisait rire aux éclats (s) • On n'a jamais tout vu : il reste encore des choses à découvrir (c). • Nous avons rencontré un ami sur le chemin du retour (s).

4. • Ne fais pas attention à ses paroles : il a dit cela dans un moment de colère (2). • Je lisais un livre où il était question d'une souris très intelligente (2). • Elle ne sort pas de chez elle aujourd'hui, car elle est malade (2). • On a loué un gîte au bord de la mer, donc on va bien s'amuser (2). • Derrière les petites maisons, on apercevait des jardins recouverts de feuilles mortes (1).

Conjugaison (p. 55)

1. • Prenons notre • Faites votre • Pars • Ne dites rien • Sois.

2. • couvre • prenez, faites, mélangez, attendez • Presse • Cueille ou cueillez, mets ou mettez • mangeons • cachons.

3. Faites. Ajoutez-y, n'oubliez pas. Battez, incorporez-les. Garnissez. Versez. Finissez. Tenez, servez.

Unité 14

Vocabulaire (p. 56)

1. Par ex. : • super lavex : lessive pour tout nettoyer
• délichoco : biscuits tout chocolat
• magistylo : le seul stylo au monde qui écrive sans fautes
• canivanille : dessert à la vanille pour le plaisir de vos toutous.

2. Par ex. : • baladeur : liberté, plaisir, technique...
• gâteaux secs : tradition, plaisir, qualité...
• eau minérale : joie, plaisir, fraîcheur, force...
• télévision : confort, futur, technique...
• lessive : économie, qualité, douceur...
• parfum : luxe, plaisir, fraîcheur...

3. Par ex. : • fromage : naturel, meilleur, léger...
• buffet : authentique, indispensable, pratique...
• couscous : naturel, meilleur, exotique...
• ordinateur : nouveau, moderne, indispensable...
• stylo : nouveau, indispensable, pratique...
• voiture : élégante, moderne, économique...

4. Par ex. : • Bougez avec le vélo Triomphe. • Réussissez avec le magicartable. • Combattez les microbes avec Supermédi.

Orthographe (p. 57)

1. • se laver • se baigner • ce crayon • ce placard • ce lapin • ce pêcheur • se casser • se peser • se fendre • ce bureau • ce couteau • ce stylo • ce collier • ce ou se souvenir • se porter • se presser • ce tapis • ce buffet • ce carreau • se ou ce lancer.

2. • Ce jouet se casse. • Ce mur... se voit • Il se baisse... ce caillou • Ce garçon se porte • On se réjouit de ce beau temps.

3. • s'amuse • C'était • s'habitue • C'est, s'effrite • C'est quelqu'un • C'est en été • C'est tout • s'est mis, c'est de ma faute.

4. • Elle s'est regardée • C'est une très belle • C'est le chat • L'ours s'est dressé, s'est appuyé • C'est lui • Il s'est blessé • C'est la saison • C'est le capitaine • L'incendie s'est déclaré.

5. • se souvenir : elle se souvient, elle s'est souvenue
• se traîner : elle se traîne, elle s'est traînée
• s'amuser : elle s'amuse, elle s'est amusée.
• se coiffer : elle se coiffe, elle s'est coiffée.

Grammaire (p. 58)

1. • J'ai vu le spectacle / il m'a ému / et m'a beaucoup plu. • En rentrant de vacances, papa a nettoyé le jardin / il a enlevé les mauvaises herbes / et il a tondu la pelouse. • Maman cueille des fleurs / les met dans un vase / et ajoute des branchages. • Les hirondelles reviennent / et retrouvent leurs anciens nids. • Les enfants s'accroupissent dans le sable / et font de magnifiques châteaux.

2. • Le médecin prend une ordonnance, il nous indique les médicaments à prendre et il les écrit. • Christophe organise un jeu, il réunit ses camarades, il les compte et il les dispose en deux rangées. • Le vent se lève

brusquement, il chasse rapidement les nuages et le soleil réapparaît. • Ouvre la porte du placard, regarde en haut, prends un verre et apporte-le moi.

3 • Je mange parfois du poisson, mais je ne l'aime pas beaucoup. • Elle a raté le train, car elle est arrivée en retard.

Conjugaison (p. 59)

1 • tu aurais • il serait • nous écouterions • tu partirais • elles finiraient • vous serviriez • j'arriverais • vous prendriez • tu réussirais • nous mettrions.

2 • devraient • pourrais • se ferait • produirait • lirais • s'occuperaient • croirais • respirerait.

3 • viendrait • reprendraient • tairaient • pourrions • rattraperiez • saurais • irions • faudrait • me sentirais.

Vocabulaire (p. 60)

1, **2** et **3** *Réponses libres. Demande à un adulte de vérifier.*

Orthographe (p. 61)

1 • glacée • arrosées • ouverts • déraciné • attrapés • égarées • blanchi • bouilli • cuits • fondu.

2 • ciré • plantées • écrasés • cueillis • garnies • inattendu • boisées • construites • endormi • ouverte.

3 • perdu • crevé • fixée • garantie • maltraités.

4 • reverdie • cuites • coupées • raccommodés • attrapée.

5 • tombées • tombés • aperçus • gardées • rougis.

6 • envoyée • engourdis • jonchée • lavées • revenues.

Grammaire (p. 62)

1 *Il faut souligner :* • qui portait une longue barbe • qui avait trois fils • dont je t'ai parlé • que tu as reçus • que j'ai composé.

2 *Par ex. :* • qui a gagné le Tour de France • que tu m'as prêté • dont je t'ai parlé • où elle a passé son enfance • qu'on lui a promis.

3 *Par ex. :* • qui fleurit au printemps • que j'ai trouvé amusant • qui paraît toutes les semaines • qui se lève de bonne heure • qui concerne tout le monde.

4 • élégante • quotidien • menteuse • bavard • brave.

Orthographe

ni - n'y • ou - où • la - là - l'a

Unité 8

- **Ni** renforce une **négation**. Ne prenez **ni** stylo **ni** cahier.
- **N'y** peut être décomposé en **ne** et **y**. Il **n'y** a rien.

1 *Complète par ni ou n'y.*
- Nous ...... pouvons rien : ce n'est ...... l'heure ...... le moment de régler ce problème.
- Tu vas attraper froid : tu n'as pris ...... pull-over ...... veste. • On ...... voit rien, il ...... a ...... fenêtre ...... éclairage. • Elle ...... habite plus depuis longtemps.

- **Ou** sans accent (**conjonction de coordination**) marque un **choix**.
  Partir **ou** rester → **ou bien** rester.
- **Où** avec accent désigne le **lieu**. **Où** vas-tu ?

2 *Complète par ou ou par où.*
- C'est la ville ...... je suis né. • Que choisissez-vous : des roses ...... des tulipes ?
- La cérémonie se terminera à 9 h ...... à 10 h. • Je ne me souviens plus si c'était un caniche ...... un cocker. • On ne sait pas ...... va ce car. • Qui sera le capitaine de l'équipe ? Pierre ...... Stéphane ? • ...... allons-nous disputer ce match ? • ...... as-tu rangé les livres ? Dans la bibliothèque ...... dans le bureau ? • J'achèterai un réveil ...... une horloge.

- **La** sans accent est un **déterminant** (article défini).
  On peut le remplacer par **ma**, **ta**, **une**... la main → ma main, une main
- **La** est aussi un pronom personnel placé devant un verbe. Je **la** vois. Je **l'**aime.
- **Là** avec accent désigne le **lieu**. C'est **là** que j'ai rangé mes jouets.
- **L'a** (en deux mots) peut être remplacé par **l'avait**.
  Cette montre, il **l'a** trouvée dans la rue. → Il **l'avait** trouvée.

3 *Complète par la (déterminant) ou là (lieu).*
- ...... carafe est posée .... • Je la soigne quand elle est .... • Est-ce ...... que tu habites ?
- Ma clé n'est plus ...... ; je l'avais laissée sur ...... table. • ...... pomme et ...... poire sont des fruits riches en vitamines. • L'orchestre se placera .... • Donne-moi ...... feuille de dessin.

4 *Complète par la (pronom personnel) ou l'a.*
- On ...... remplacé sans lui demander son avis. • Il ...... voit régulièrement depuis qu'il ...... rencontrée. • Pourquoi ...... punit-il ? Elle ne ...... pas mérité. • Merci pour cette tarte, on ...... mangera avec plaisir ; le pâtissier ...... bien préparée. • Elle ...... prend toujours avec elle. • Il ...... regarde avec amusement. • Il ...... retrouvée ce matin.

Unité 8 — Grammaire

Les compléments circonstanciels (1)

- Les compléments circonstanciels **enrichissent** la phrase minimale (relis la page 10).
- Ils apportent des renseignements complémentaires sur le **lieu** (complément circonstanciel de lieu : CCL), sur le **temps** ou la **durée** (CCT), la **manière** (CCM)... Ils peuvent être **déplacés** ou **supprimés**.

Hier (CCT), ils sont arrivés **précipitamment** (CCM) **dans la cour** (CCL).

1. Souligne les compléments circonstanciels dans les phrases suivantes.
- Nous partirons à cinq heures. • La voiture roule à toute allure. • En automne, les feuilles jaunissent. • Je passerai ce soir. • On trouve des fraises sauvages dans ces bois. • Elle se cache dans la maison. • Les enfants jouent dans les champs. • Avec une grande souplesse, l'homme sauta dans les buissons. • Vous pourrez lire quand vous aurez terminé votre travail.

2. Recopie ces phrases en supprimant les compléments circonstanciels.
- Soudain, le lièvre s'arrêta au milieu de la clairière. ....
- Du matin au soir, le garde chassait les renards. ....
- Cette lampe éclaire la pièce d'une lumière douce. ....
- Au milieu de la prairie, un arbre solitaire résiste au vent courageusement. ....
- En hiver, ce fleuve provoque souvent des inondations importantes. ....

3. Enrichis ces phrases en ajoutant des compléments circonstanciels.
- ...., certains oiseaux migrent dans des pays chauds.
- On trouve du poisson frais ....
- ...., il chantait une chanson rythmée.
- J'ai posé le vase ....
- ...., vous pourrez me contacter par téléphone.

4. Précise la nature des compléments circonstanciels soulignés (CCL, CCT, CCM).
Un beau matin (......), Léo ouvrit la grille du jardin. Il s'en alla dans les grands prés verts (......). Sur la plus haute branche d'un arbre (......), un oiseau était perché. « Tout est calme ici » (......), gazouillait-il gaiement (......). Bientôt (......), un canard arriva en se dandinant (......). Tout heureux (......), Léo l'accueillit. Puis le canard se baigna dans la mare (......), au milieu du pré (......).

Conjugaison

Le passé simple de l'indicatif

Au passé simple, les terminaisons des verbes varient selon les groupes.
- 1er groupe : **-ai, -as, -a, -âmes, -âtes, -èrent**.
- 2e groupe : **-is, -is, -it, -îmes, -îtes, -irent**.
- 3e groupe : **-us, -us, -ut, -ûmes, -ûtes, -urent**.
  ou **-is, -is, -it, -îmes, -îtes, -irent**.

 Mais : je **v**ins, tu **v**ins, il (elle) **v**int, nous **v**înmes, vous **v**întes, ils (elles) **v**inrent
et je **t**ins, tu **t**ins, il (elle) **t**int, nous **t**înmes, vous **t**întes, ils (elles) **t**inrent.

1 Écris ces verbes aux 3es personnes du singulier et du pluriel du passé simple.
- marcher : ....
- parler : ....
- donner : ....
- rouler : ....
- manger : ....
- finir : ....
- salir : ....
- bondir : ....
- remplir : ....
- offrir : ....

2 Écris ces verbes à la 1re personne du singulier et à la 2e personne du pluriel du passé simple.
- avoir : ....
- faire : ....
- prendre : ....
- lire : ....
- battre : ....
- être : ....
- vouloir : ....
- devoir : ....
- couvrir : ....
- savoir : ....

3 Écris les verbes au passé simple.

Le roi (**prendre**) .... trois plumes qu'il (**souffler**) .... en l'air.
La première (**s'envoler**) .... vers l'est. La deuxième (**aller**) ....
vers l'ouest. La troisième (**tomber**) .... à ses pieds.

4 Indique dans les parenthèses l'infinitif des verbes conjugués au passé simple.

Le buffle ne s'aperçut (........................) pas qu'on le suivait.
Il entendit (........................) un « bonsoir » ronronnant à ses côtés.
Il sursauta (........................) quand il découvrit (........................) Monseigneur
le tigre. Il eut (........................) très peur, mais sourit (........................) poliment.

Unité 9 — Vocabulaire

Sens propre, sens figuré

Tu as déjà constaté que, souvent, un mot peut avoir **plusieurs sens**.
- Le sens propre est le sens **premier**.
  Prendre un crayon = le saisir.
- Le sens figuré utilise une **image** pour exprimer une **idée**.
  Prendre la porte = s'en aller.

1 Indique si chaque mot souligné est utilisé au sens propre (SP) ou au sens figuré (SF).
- Ces nuages annoncent un orage (......). Il est toujours dans les nuages (......).
- Il plonge dans la piscine (......). Il est plongé dans un livre intéressant (......).
- Il lui a serré la main amicalement (......). Il a pris l'affaire en mains (......).
- Il a demandé la main de sa fiancée (......). La main est une partie du corps humain (......).
- A est la première lettre de l'alphabet (......). Il a exécuté les ordres au pied de la lettre (......).

2 Après chaque expression au sens figuré, écris la signification correspondante.
- Courir sa chance : .... Laisser courir : .... abandonner, tenter
- Couvrir un bruit : .... Couvrir une distance : .... étouffer, parcourir
- Tourner les talons : .... Tourner la page : .... oublier, s'éloigner
- Mener à bien : .... Mener la vie dure : .... embêter, faire réussir
- Jouer de malchance : .... Jouer sa vie : .... risquer, échouer

3 Explique les sens figurés de chaque mot. Tu peux t'aider du dictionnaire.
- dent : avoir une dent contre quelqu'un : ....
  être armé jusqu'aux dents : ....
- diable : avoir le diable au corps : ....
  être un bon diable : ....
- cri : pousser les hauts cris : ....
  réclamer à grands cris : ....
- cheveux : une histoire tirée par les cheveux : ....
  avoir un cheveu sur la langue : ....
- coup : coup dur : ....
  coup tordu : ....

Orthographe

tout – toute – tous – toutes
leur – leurs

> **Tout** placé avant le **groupe du nom** est un **déterminant** ; il s'accorde avec le nom.
> **tout le mois** (masculin singulier), **toute l'année** (féminin singulier),
> **tous les jours** (masculin pluriel), **toutes les saisons** (féminin pluriel).

1 Complète par tout, toute, tous, toutes.

- .... le gâteau
- .... son entourage
- .... les fleurs
- .... leurs enfants
- .... son pelage
- .... vos images
- .... ses plumes
- .... une vie
- .... la musique
- .... un repas

2 Même consigne, mais précise le genre (M ou F) et le nombre (S ou P).
Toutes les poires (FP).

- .... la classe (......). • .... son courrier (......). • .... les paquets (......). • .... l'eau (......). • .... les contes (......). • .... l'hiver (......). • .... les revues (......). • .... les animaux (......). • .... les cris (......). • .... les planches (......).

> • **Leur** placé devant un **verbe** est un **pronom personnel invariable**. On peut le remplacer au singulier par **lui**. Je **leur** donne à manger. → Je **lui** donne à manger.
> • **Leur** placé devant le **groupe du nom** est un **déterminant possessif**.
> Il prend un **s** quand le nom est au **pluriel**. Ils ont pris **leurs** cahiers.

3 Complète par leur ou leurs.

- Le maître .... dicte .... exercices. • On .... a demandé .... cartes. • .... chansons préférées .... reviennent en mémoire. • Où avez-vous rangé .... chaises ?
- Elles sont dans .... classe. • On .... racontera une belle histoire.
- Elle .... parle.

4 Indique après le mot leur s'il est déterminant (D) ou pronom personnel (PP).

- Leur (......) voyage s'est bien passé. • Il faut leur (......) expliquer que leur (......) salle est occupée. • Ils ont terminé leur (......) dessin. • Leur (......) chat est malade ; il leur (......) donne du souci. • Leur (......) chemin est encore long, il leur (......) faut bien du courage.
- Ils s'occupent très bien de leur (......) jardin. • Je vais leur (......) apprendre la bonne nouvelle.

37

Unité 9 — Grammaire

Les compléments circonstanciels (2)

Un complément circonstanciel peut être :
- un **groupe nominal** souvent précédé d'une préposition ;
- un **adverbe** de temps : **jadis, autrefois, hier, aujourd'hui, demain...**
  de lieu : **dehors, dedans, là-bas, loin, autour...**
  de manière : **mal, bien**, tous les adverbes en **-ment**...
- une **proposition** : Le bateau partira **quand le jour se lèvera**.

1 Précise si le CCT souligné indique le moment (M) ou la durée (D).

- Il est arrivé <u>dimanche</u> (....). • Il pense rester <u>quelques jours</u> avec nous (....). • Denise est arrivée <u>cinq minutes plus tard</u> (....). • <u>Toute la nuit</u> (....), il a plu. • <u>L'année dernière</u> (....), l'hiver a été très froid. • <u>Un jour</u> (....), Picotin décida de rendre visite à son ami. • Henri IV est mort <u>en 1610</u> (....). • <u>Dans la nuit de samedi à dimanche</u> (....), un accident a eu lieu ; <u>dix minutes plus tard</u> (....), les secours étaient sur place. • Il est resté <u>un quart d'heure</u> (....) dans son bain.

2 Enrichis les phrases par des CCL en utilisant les prépositions soulignées.

- La lune se montra <u>derrière</u> ....
- Des papillons volent <u>autour</u> ....
- Une abeille se pose <u>sur</u> ....
- L'ouragan est passé <u>au-dessus</u> ....
- Il y a peu de monde <u>dans</u> ....

3 Précise si le CC est un groupe nominal (GN), un adverbe (A) ou une proposition (P).

- On trouve du charbon <u>dans le sol</u> (....). • Il travaille <u>tranquillement</u> (....) <u>dès qu'il est seul</u> (....). • <u>Hier</u> (....), j'ai rencontré <u>par hasard</u> (....) mon ami Pierre. • Je changerai <u>bientôt</u> (....) d'école. • La voiture apparaît <u>sur le chemin caillouteux</u> (....). • <u>Quand le temps se radoucit</u> (....), il y a des risques d'avalanches. • <u>Le mois dernier</u> (....), ce mur a été repeint <u>convenablement</u> (....).

4 Même consigne.

- <u>Quand son dîner était fini</u> (....), elle s'installait <u>confortablement</u> (....) <u>dans son fauteuil</u> (....) pour lire son journal. • <u>Depuis deux jours</u> (....), un vent sinistre gémissait <u>dans la plaine</u> (....). • <u>Au-dessus de nous</u> (....), le ciel était très noir. • <u>Dans le silence du midi brûlant</u> (....), on entendait chanter <u>gaiement</u> (....) les cigales. • <u>Au moindre bruit</u> (....), les lapins s'enfuyaient <u>brusquement</u> (....).

Conjugaison

Unité 9

Le passé simple et l'imparfait de l'indicatif

À l'écrit, le passé simple est utilisé dans les récits (contes, romans…). Il est employé avec l'imparfait. On le trouve souvent après des expressions comme **soudain**, **tout à coup**, **alors**, **un jour**…

Il était une fois un roi qui avait trois fils. **Un jour**, il leur **dit** à chacun…

- **L'imparfait** permet de décrire le décor, de présenter les personnages, d'indiquer des **actions répétées**, **habituelles**.
- Le **passé simple** indique des **actions soudaines** ou de **courte durée** qui se sont passées à un **moment déterminé**.

1 Précise si les verbes sont employés au passé simple (**PS**) ou à l'imparfait (**I**).

Il était (.....) une fois une pauvre femme qui avait (.....) un beau petit garçon. On prévoyait (.....) pour lui beaucoup de bonheur. Il arriva (.....) qu'un jour, le roi vint (.....) à passer. Ce roi était (.....) méchant de cœur, il ne disait (.....) jamais réellement ce qu'il pensait (.....). Il fit (.....) bonne mine aux parents et leur proposa (.....) d'adopter l'enfant.

2 Précise si l'imparfait renseigne sur le décor (**D**), les habitudes (**H**), ou s'il présente les personnages (**P**).

- La cuisine était de forme allongée avec une table et un buffet à gauche (.....). • Le pantin portait une collerette de dentelle, ses cheveux étaient blonds et bouclés (.....). • Pour jouer aux quilles, les joueurs formaient des équipes égales (.....). • Son grand-père l'emmenait souvent à la vigne avec lui (.....). • Mon oncle était d'une grande maladresse : il cassait tout ce qu'il touchait (.....).

3 Précise si le passé simple indique une action soudaine (**S**) ou une action qui s'est passée à un moment précis (**MP**).

- Le moteur tournait, alors le pilote arriva (.....). • Le phénomène se produisit le 18 mai (.....). • En 1980, les géologues décelèrent (.....) des signes de réveil du volcan. • Il était fatigué par sa journée et s'endormit (.....). • Enfin, la cloche sonna (.....).

4 Recopie les phrases en mettant les verbes au passé simple. Commence-les par un indicateur de temps : *soudain, tout à coup, alors*…

- Le lapin *partait* à toute vitesse.
- On *entendait* le bruit de la cascade.
- La porte *s'ouvrait* lentement.
- J'*étendais* la main en avant.
- Mon chien Jip *poussait* un hurlement plaintif.

Vocabulaire
Les niveaux de langue

Selon les situations et les gens à qui l'on s'adresse, on utilise des niveaux de langue différents.
- Le **langage soutenu** utilise des constructions de phrases correctes, un vocabulaire précis, plutôt littéraire.
- Le **langage courant** est davantage un langage oral.
- Le **langage familier** est plus détendu, il s'autorise plus de libertés dans la construction des phrases ou le choix des mots.

1 *Classe les verbes de chaque série dans les colonnes correspondantes.*
- rigoler, s'esclaffer, rire. • manger, se nourrir, bouffer. • se tirer, filer, partir.
- dégringoler, tomber, se casser la figure.

Langage soutenu	Langage courant	Langage familier

2 *Écris après chaque expression familière la signification correspondante :*
abandonner, entendre mal, éprouver de la satisfaction, à toute vitesse.
- être dur de la feuille .... • à toute pompe ....
- boire du petit lait .... • laisser tomber ....

3 *Réécris ces expressions familières en langage soutenu.*
- J'ai la crève.
- Je casse la croûte.
- J'en ai marre.
- Ce film est hyper bien.

4 *Réécris ce texte en langage soutenu.*

J'ai reçu un chouette appareil photo. Je voulais le trimbaler à l'école ; mon père a dit que non mais ma mère a dit que oui. On a fait des tas de photos terribles.

....
....
....

Orthographe — Unité 10
quel(s) – quelle(s) – qu'elle(s) • Les adverbes en -ment

> • **Quel** placé **devant un nom s'accorde en genre et en nombre avec ce nom**. On peut le remplacer par un déterminant.
> **Quelle** fleur → **une** fleur, **cette** fleur (F/S)   **Quels** jours → **des** jours, **ces** jours (M/P)
>
> • **Qu'elle** en deux mots (que + elle, pronom personnel) **est suivi d'un verbe**.
> Je sais **qu'elle** ira   ou   Je sais **qu'elles** iront.

1 Remplace les déterminants par *quel, quels, quelle, quelles*.
une maison → quelle maison

- des pages : ....
- un chemin : ....
- un oiseau : ....
- une chemise : ....
- des élèves : ....
- des musiques : ....
- un livre : ....
- les travaux : ....

2 Complète par *quelle, quelles, qu'elle* ou *qu'elles*.

- .... chance .... soient venues !
- De .... fleurs parlez-vous ?
- Veux-tu .... vous aident ?
- .... longues files de voitures !

> Les adverbes qui se terminent en **-ment** sont formés à partir d'un adjectif écrit au féminin auquel s'ajoute **-ment**. Ce sont des **adverbes de manière**.
> curieux → curieuse**ment**

3 Écris les adverbes correspondant aux adjectifs suivants.

- soigneux : ....
- malheureux : ....
- peureux : ....
- léger : ....
- paresseux : ....
- silencieux : ....
- tranquille : ....
- doux : ....

4 Retrouve l'adjectif féminin qui correspond aux adverbes suivants.

- sèchement : ....
- sérieusement : ....
- heureusement : ....
- lourdement : ....
- adroitement : ....
- petitement : ....
- scandaleusement : ....
- miraculeusement : ....
- frileusement : ....
- affreusement : ....

Unité 10 — Grammaire

Les expansions du nom : l'adjectif épithète, le complément du nom

> Le **nom** du groupe nominal peut être **complété** par un **adjectif qualificatif épithète** qui **s'accorde en genre et en nombre avec le nom**. Cet adjectif peut être placé avant ou après le nom ; il fait partie du groupe nominal.
> Un curieux récit, une histoire curieuse.

1 Dans ces groupes nominaux, souligne les adjectifs qualificatifs épithètes et indique entre parenthèses le genre et le nombre de chacun d'eux.
- un amusant spectacle (.....) • d'habiles jongleurs (.....) • une longue nappe (.....)
- un bruit sec (.....) • un choc brutal (.....)

2 Place à côté des noms les adjectifs qualificatifs correspondants :
rassurantes, chirurgicale, secrets, nationale.
- des agents .... • une route ....
- une opération .... • des paroles ....

3 Complète chaque groupe nominal par un adjectif qualificatif épithète.
- une musique .... • un pays ....
- une rivière .... • une fête ....
- une montagne .... • des coureurs ....

> Le **nom** du groupe nominal peut aussi être **complété** par un **autre nom**. Le **second** est alors **complément du nom**. Il est introduit par une **préposition**.
> Une corbeille **de fruits** → **fruits** est **complément du nom** corbeille.
> Comme l'adjectif qualificatif, il fait partie du groupe nominal.

4 Dans les groupes nominaux suivants, souligne les compléments du nom.
- un poste de télévision • un repas sans pain • un soleil d'été • un pied de chaise
- un stylo à bille

5 Complète les groupes nominaux par des compléments du nom.
- du pain .... • la porte .... • de l'huile ....
- un complément .... • un sac ....

Conjugaison — Unité 10

Le passé composé de l'indicatif

Le passé composé est un **temps composé**. Il est formé des auxiliaires **avoir** ou **être** au présent de l'indicatif et du **participe passé** du verbe.
Finir → J'ai fini.

- Avec l'auxiliaire **être**, le participe passé **s'accorde** avec **le sujet**.
  Elle est parti**e** (féminin).

- Avec l'auxiliaire **avoir**, le participe passé **ne s'accorde jamais** avec le **sujet**.
  Elle a mang**é**.

1 Écris les verbes au féminin de la 3ᵉ personne du pluriel du passé composé.
- écouter : ....
- arriver : ....
- partir : ....
- faire : ....
- venir : ....
- finir : ....
- prendre : ....
- devenir : ....
- aller : ....
- lancer : ....

2 Écris les verbes à la 1ʳᵉ personne du singulier du passé composé.
- avoir : ....
- être : ....
- pouvoir : ....
- dire : ....
- mettre : ....
- grossir : ....
- sentir : ....
- voir : ....
- rendre : ....
- recevoir : ....

3 Écris les verbes entre parenthèses au passé composé.

Le 1ᵉʳ mars, à 23 h 30, une voiture (**déraper**) .... sur la chaussée glissante. Elle (**heurter**) .... trois véhicules en stationnement. Un passant (**appeler**) .... la police. Les secours (**arriver**) .... immédiatement. On (**conduire**) .... les blessés à l'hôpital.

4 Réécris ce texte au passé composé.

Soudain, on sonne à la porte. Alex fronce les sourcils : cela n'arrive jamais. La sonnerie retentit une seconde fois. Il ressent une peur inexplicable.

43

Unité 11

Vocabulaire

D'un type d'écrit à un autre

Pour adresser des messages courts, clairs et efficaces, la presse, la publicité et la bande dessinée utilisent des textes réduits en ne conservant que les mots essentiels. Pour une petite annonce, par exemple :

J'ai perdu mon berger allemand qui a 6 mois en forêt de Fontainebleau. Il est tatoué et porte le nom de Dream. Si vous le trouvez, appelez-moi, s'il vous plaît, au numéro de téléphone suivant : 01 39 00 00 00.

1 *Transforme le texte suivant en une petite annonce. (Tu peux supprimer des mots, en transformer, en ajouter et changer leur ordre dans la phrase.)*

Je cherche quelqu'un qui pourrait garder un jeune chaton de 3 mois, affectueux et très propre, dans la région de Libourne, pendant le mois de juillet. Je propose une somme de 5 € par jour pour les frais de nourriture. Téléphonez-moi, s'il vous plaît, au 05 57 00 00 00.

....
....

2 *Imagine la petite annonce que tu pourrais passer pour vendre, acheter ou échanger un objet.*

....
....

3 *Transforme les prévisions de météorologie (prévisions du temps) en un communiqué plus court sur le modèle indiqué.*

Demain, les pluies feront leur apparition à l'ouest de la France.
→ Demain, pluies à l'ouest.

Sur les Pyrénées, le ciel sera couvert le matin ; ensuite, de faibles pluies se produiront l'après-midi. Les températures, encore fraîches pour la saison, atteindront 6 à 8 °C le matin. Elles ne dépasseront pas 16 à 18 °C l'après-midi.

....
....

4 *Trouve des titres à l'événement (relis la page 10).*

Toutes les nuits, dans la région des châteaux de la Loire, on entend des bruits curieux : coups violents, vitres cassées… On parle déjà de fantômes !

Titres : ....
....
....

Orthographe

Les noms terminés par -ail, -eil, -euil, -aille, -eille, -euille, -ouille

- On trouve **-ail**, **-eil**, **-euil** à la fin de noms masculins.
  un chand**ail**, le sol**eil**, un chevr**euil**...
- On trouve **-aille**, **-eille**, **-ouille**, **-euille** à la fin de certains noms féminins ou de certains verbes conjugués.
  une bat**aille**, une or**eille**, la r**ouille**, qu'il v**euille**...

1 **Complète par** -ail **ou** -aille.
un dét........., la ferr........., la gris........., un vitr........., une méd.........,
un évent........., du bét........., une vol........., la pag........., un port......... .

2 **Complète par** -eil **ou** -eille.
une ab........., une corb........., un rév........., une bout........., il accu.........,
un cons........., elle se rév........., le somm........., un év........., un ort......... .

3 **Complète par** -euil **ou** -euille.
un écur........., le cerf........., une f........., un faut.........,
un bouvr........., le s........., un tr........., le d........., un portef......... .

4 **Complète les mots par l'un des sons étudiés ci-dessus. (Accorde-les au pluriel !)**
- Le lièvre se cache dans les brouss................. • Les trains roulent sur des r................. .
- Le fer est attaqué par la r................. • Elle eff................. une marguerite.
- Je recu................. les résultats de mes efforts.

5 **Conjugue les verbes aux trois personnes du singulier du présent de l'indicatif.**
- accueillir : ....
- sommeiller : ....
- réveiller : ....

6 **Même consigne.**
- fouiller : ....
- assaillir : ....
- ravitailler : ....

Unité 11 — Grammaire

L'attribut du sujet

- L'adjectif qualificatif est **épithète** quand il fait **partie du groupe nominal**.
- Il peut également faire **partie du groupe verbal**. Il est alors introduit (précédé) par un verbe d'état comme : **être, sembler, paraître, devenir, rester, avoir l'air**...
  Mon cousin **est malade**.
- Il est, dans ce cas, **attribut du sujet** et **s'accorde en genre et en nombre avec le sujet**. Il ne peut être **ni supprimé ni déplacé**.
- L'attribut du sujet peut aussi être un groupe nominal.
  Cet homme est un maçon. → **maçon** est attribut du sujet **homme**.

1 *Recopie ces phrases en remplaçant le verbe* être *par d'autres verbes d'état.*
Cette voiture est rapide. → Cette voiture semble rapide.
- Cette rivière est tranquille.
- L'enfant est sage.
- Le lion est féroce.
- Tu es fatiguée.
- L'air est frais.

2 *Souligne les adjectifs attributs du sujet.*
- Cette jolie robe est très moderne. • Ces hauts peupliers sont superbes. • Cette ancienne maison a l'air triste. • J'espère que tu seras content. • Le soir, cette rue devient déserte.

3 *Complète les phrases en ajoutant un adjectif qualificatif attribut du sujet.*
- Ce drapeau est .... • Ces fleurs sont encore très ....
- Après cet effort, vous semblez .... • Pourquoi as-tu l'air .... ?
- Vers la fin, ce film devient ....

4 *Souligne les groupes nominaux attributs du sujet.*
- La vache est un mammifère. • L'hirondelle est un oiseau migrateur. • Magellan était un navigateur. • Verlaine était un poète français. • Cet insecte est un moustique.

5 *Remplace les adjectifs qualificatifs attributs par des groupes nominaux attributs :* Cette plante est vigoureuse. → Cette plante est une azalée.
- Ce livre est (**captivant**) .... • Mon père est (**habile**) ....
- Ces pêches sont (**mûres**) .... • Cette voiture est (**confortable**) ....
- .... • La Loire est (**basse**) ....

Conjugaison

Unité 11

Le plus-que-parfait

Comme le passé composé, le plus-que-parfait est un temps composé du mode indicatif.
- Il est formé de l'auxiliaire **avoir** ou de l'auxiliaire **être** à l'**imparfait** de l'indicatif et du **participe passé du verbe**.

Courir → j'**avais** cour**u** ; partir → tu **étais** part**i(e)**.

- Les **accords** avec les auxiliaires se font **comme pour le passé composé**.

1 Écris les verbes au féminin de la 3ᵉ personne du pluriel du plus-que-parfait.
- écouter : ....
- arriver : ....
- partir : ....
- faire : ....
- venir : ....
- finir : ....
- prendre : ....
- devenir : ....
- aller : ....
- chanter : ....

2 Écris à la personne indiquée les verbes au plus-que-parfait.
- avoir (1ʳᵉ sing.) : ....
- être (2ᵉ sing.) : ....
- pouvoir (3ᵉ sing.) : ....
- dire (1ʳᵉ plur.) : ....
- mettre (2ᵉ plur.) : ....
- grossir (3ᵉ plur.) : ....
- sentir (1ʳᵉ sing.) : ....
- voir (2ᵉ sing.) : ....
- rendre (3ᵉ sing.) : ....
- recevoir (1ʳᵉ plur.) : ....

3 Écris les verbes entre parenthèses au plus-que-parfait.
- J'(**rouler**) .... longtemps sur la route.
- Mon pneu arrière (**crever**) .... deux fois.
- Ma chaîne (**sauter**) .... sans arrêt.
- De gros camions m'(**dépasser**) .... et je m'(**sentir**) .... très seul.

4 Réécris les phrases suivantes au plus-que-parfait.
- Lentement, le soleil se levait à l'horizon. ....
- Les oiseaux chantaient dans les arbres. ....
- Nous prenions notre petit déjeuner de fort bon appétit. ....
- Je collais le nez à la vitre. ....

Vocabulaire

Le vocabulaire de la télévision

Lorsque tu écris un texte, ton vocabulaire doit être précis, varié et utilisé correctement. Voici, à titre d'exemple, une exploration sur le thème de la télévision.

1 Complète les phrases avec les mots suivants : *magazine*, *rediffusion*, *téléfilm*, *journal*, *direct*.

- Un film qui a été tourné spécialement pour la télévision est un ....
- Une émission régulière sur un sujet particulier est un ....
- Il donne les informations et les nouvelles de la journée : c'est le ....
- Un événement qui a lieu au moment où les téléspectateurs le regardent est en ....
- Une émission qui a déjà été diffusée à la télévision est une ....

2 Écris après chaque type d'émission le verbe qui définit le mieux son but, sa fonction : *instruire*, *émouvoir*, *divertir*, *informer*, *documenter*.

- des variétés : ....
- le journal télévisé : ....
- la télévision scolaire : ....
- une émission scientifique : ....
- un film triste : ....

3 À l'aide du préfixe *télé-*, forme des mots nouveaux en utilisant ceux qui te sont proposés. Indique leur signification (tu peux t'aider du dictionnaire).

- vision : ....
- spectateur : ....
- commande : ....
- diffusion : ....

4 Complète les phrases en choisissant l'adjectif qui convient le mieux parmi ceux qui te sont proposés : *palpitant*, *hebdomadaires*, *fantastique*, *inédit*, *talentueux*.

- Un film qui met en scène des fantômes est ....
- Ce film, riche en aventures, est ....
- Ce document qui n'a jamais été diffusé est ....
- L'interprétation de cet acteur est excellente, il est ....
- Ces reportages ont lieu tous les jeudis : ils sont ....

Orthographe
Les noms féminins en -é, -té, -tié

Unité 12

- Les noms féminins en **-é** prennent un e la fée, la gelée…, sauf la clé.
- Les noms féminins en **-té** ou en **-tié** ne prennent **pas de e**, sauf :
  – ceux qui désignent un **contenu**, **une préparation culinaire**…
      une assiett**ée**, une compot**ée**…
  – **cinq** noms **courants** :
      la dict**ée**, la port**ée**, la mont**ée**, la jet**ée**, la pât**ée**.

1 *Trouve un féminin correspondant à ces noms.*
- un matin, une ....
- un jour, une ....
- un an, une ....
- un soir, une ....
- un coude, une ....
- un bord, une ....
- un plongeon, une ....
- un val, une ....
- un vol, une ....
- un destin, une ....

2 *Forme de nouveaux noms qui indiquent le contenu. (Utilise le dictionnaire.)*
- une bouche, une ....
- une cuillère, une ....
- un poing, une ....
- un bras, une ....
- un nid, une ....
- une maison, une ....
- un four, une ....
- un bec, une ....

3 *Forme des noms féminins en -té à partir des adjectifs suivants.*
honnête, honnêteté.
- ferme, ...
- brutal, ...
- agile, ...
- libre, ...
- fier, ...
- instable, ...
- timide, ...
- léger, ...
- méchant, ...
- immense, ...

4 *Complète les mots inachevés par -té, -tée ou -tié.*
- Ce produit est d'une grande quali....... • Elle chante avec gaie....... • Le vent de l'ouest apporte de l'humidi....... • Combien de notes voyez-vous sur la por....... ? • Il a bien réussi sa dic....... • Il travaille avec facili....... • Veux-tu la moi....... de ce gâteau ? • Le chat grimpe sur le mur avec agili....... • Le vieux pêcheur vit dans une grande pauvre....... • La curiosi....... est-elle un vilain défaut ? • On lui a témoigné toute notre ami........

49

Unité 12 — Grammaire

La forme active et la forme passive

- On dit qu'une phrase est à la **forme active** lorsque le **sujet fait l'action** exprimée par le verbe.

  Le pêcheur prend un poisson.

- La phrase est à la **forme passive** lorsque le **sujet subit l'action**.

  Le poisson est pris **par** le pêcheur.

- La transformation se fait sur ce modèle :

  Le pêcheur (**GNS**) prend un poisson (**COD**).
  → Un poisson (**sujet**) est pris **par** le pêcheur (**complément d'agent**).

1 Indique après chaque phrase si elle est à la forme active (**FA**) ou à la forme passive (**FP**).

- L'architecte trace le plan de la maison (......). • Le gâteau a été préparé par le boulanger (......).
- Cet homme est poursuivi par la malchance (......). • Je reçois un paquet (......).
- L'aveugle est guidé par son chien (......). • Les gens traversent la passerelle (......). • Il est très estimé par ses camarades (......). • La route est recouverte par la neige (......). • Un flot de voitures envahit la route (......). • L'agent arrête un automobiliste (......). • Les cerises sont mangées par les oiseaux (......).

2 Transforme les phrases actives en phrases passives et souligne le complément d'agent. (Conserve bien le temps du verbe !)

- Un tracteur tirait le véhicule.
- L'oiseau construit un nid.
- Le garagiste a nettoyé la voiture.
- Patrick réparera le jeu.
- L'ouvrier fait un travail précis.

3 Transforme les phrases passives en phrases actives.

- Ce poème est appris par tous les élèves.
- Un précieux renseignement lui a été donné par l'employé.

- La sonate est interprétée par ce pianiste.
- La poussière est soulevée par le vent.
- Parfois, en hiver, les prés sont envahis par les eaux du fleuve.

Conjugaison

Les verbes pronominaux

Unité 12

- Les verbes précédés de **se** à l'infinitif sont des verbes pronominaux.
- Lorsqu'on les conjugue, ils sont toujours précédés d'un pronom à la même personne que le sujet.

  Je **me** lave, tu **te** laves, il (elle) **se** lave, nous **nous** lavons...

- Beaucoup de verbes peuvent se conjuguer à la forme pronominale et à la forme non pronominale.

  Je **me** lave. = forme pronominale.
  Je lave **mon verre**. = forme non pronominale.

1 *Indique entre parenthèses l'infinitif des verbes pronominaux.*
- On s'attend (..................) à ce que ce vieux mur s'écroule (..................) un jour ou l'autre. • Je m'approchai (..................) de l'arbre avec précaution, mais l'oiseau s'envola (..................). • Il se croit (..................) toujours malade.

2 *Écris ces verbes pronominaux aux temps et aux personnes indiqués.*
- se blesser (3ᵉ sing., passé simple) : ....
- se couper (1ʳᵉ sing., futur simple) : ....
- se souvenir (1ʳᵉ plur., imparfait) : ....
- se blottir (3ᵉ plur., présent) : ....
- s'apercevoir (2ᵉ sing., passé composé) : ....

3 *Construis des phrases pronominales avec les verbes suivants.*
Il a exposé un tableau. → Il s'est exposé à de graves dangers.
- J'**ai poursuivi** mon camarade. ....
- Elle m'**a** vraiment **étonné** en me racontant son récit. ....
....
- Nous **entendons** le bruit de la rue. ....
- Elle **adresse** ses félicitations aux organisateurs. ....
....
- Vous **avez** bien **caché** le cadeau. ....

4 *Écris au présent les verbes pronominaux entre parenthèses.*
Une grande poupée (**s'étaler**) .... au milieu de la vitrine. Une fillette (**s'arrêter**) .... pour l'admirer. Elle (**se dire**) .... qu'elle est vraiment très belle. Ses yeux (**se détacher**) .... de la vitrine et elle (**s'éloigner**) .... en rêvant.

Vocabulaire

Le vocabulaire de la bande dessinée

La bande dessinée utilise, en plus du dessin, un langage écrit qui lui est propre.
- Les dialogues dans les **bulles** sont le plus souvent en langage courant ou familier.
- **Hors bulles**, des groupes nominaux peuvent renseigner le lecteur sur le lieu ou le temps de l'histoire.
- Enfin, des **onomatopées** (**Plaf** ! **Ouin** !...) en complètent l'ambiance sonore.

1 *Exprime en trois vignettes de bande dessinée l'histoire suivante.*

Dans la cour de l'école, pendant la récréation, Nicolas joue à la balle au chasseur avec ses camarades. Il tire sur Alexis qui se baisse ; la balle va heurter un carreau et le casse. La cloche sonne, la maîtresse arrive et constate les dégâts.

2 *Exprime par un dessin les expressions figurées suivantes.*

être dans les nuages • prendre la porte • avoir une dent contre quelqu'un

3 *Imagine en quelques lignes une courte histoire qui pourrait correspondre à :* « GRRR ! » *et* « ? ».

Orthographe

Le participe passé employé avec l'auxiliaire être

> Le participe passé employé avec l'auxiliaire **être** s'accorde **en genre et en nombre** (comme un adjectif qualificatif) **avec le sujet du verbe** :
> **Le** ballon est gonfl**é**. (masculin/singulier)
> **Elles** sont passionn**ées**. (féminin/pluriel)

1 *Complète en accordant les participes passés.*
- Mes lunettes sont (**casser**) cass…… . • Les lettres sont (**distribuer**) distribu…… .
- Les cahiers sont (**ramasser**) ramass…… . • Les fleurs sont (**arroser**) arros…… . • Les élèves sont (**descendre**) descend…… . • Mon livre est (**égarer**) égar…… . • Les champs sont (**inonder**) inond…… . • Les travaux sont (**terminer**) termin…… . • Les légumes sont (**geler**) gel…… .
- Cette fillette est (**dévouer**) dévou…… .

2 *Même consigne.*
- Les maisons (**s'écrouler**) se sont écroul…… . • Les enfants sont (**déguiser**) déguis…… .
- Les quilles sont (**aligner**) align…… . • Le repas est (**servir**) serv…… . • Les cadeaux sont (**attendre**) attend…… . • Ces animaux sont (**affamer**) affam…… . • Le service est (**rétablir**) rétabl…… . • Maman est (**fatiguer**) fatigu…… . • Mes amies sont bien (**habiller**) habill…… .
- Mon texte est (**imprimer**) imprim…… .

> Il ne faut pas confondre le participe passé en **-é** et les verbes du 1er groupe à l'infinitif, qui se terminent par **-er**. Seuls les verbes à l'infinitif peuvent être remplacés par l'infinitif d'un verbe du 2e ou du 3e groupe :
> Tu vas attrap**er** (infinitif) froid. → Tu vas **prendre** froid.
> Le chat **a** attrap**é** (participe passé) une souris. Le chat **a** pr**is** une souris.

3 *Complète par -é ou -er.*
- Les plantes ont bien pouss…… . Il faut pouss…… ce meuble. • Voulez-vous gard…… mon sac ? Il a gard…… son pull-over. • Tu as bien mérit…… cette récompense. Elle veut mérit…… son voyage. • Les loups ont hurl…… . Je ne veux pas entendre hurl…… .
- J'ai libér…… cet oiseau. Il faut libér…… ces animaux.

4 *Même consigne.*
- Vous avez multipli…… alors qu'il fallait divis…… . • On a rang…… les cartes ; il ne faut pas les laiss…… par terre. • As-tu aim…… ce disque ? • Elle ne veut pas dîn…… .
- Cet acteur a bien jou…… . • Nous allons les emmen…… avec vous. • Nous avons regard…… partout. • Efforcez-vous de ne pas chant…… faux.

53

Unité 13 — Grammaire

La phrase simple, la phrase complexe, les propositions

- La **phrase simple** ne contient **qu'un seul verbe conjugué**.
  J'**achète** du pain à la boulangerie.
- On peut réunir plusieurs phrases simples en une seule phrase. On appelle cette nouvelle phrase une **phrase complexe**. Chaque partie s'appelle une **proposition**.
- On compte **autant de propositions que de verbes conjugués**.
  Il **sortit** de la voiture / et **salua** ses admirateurs.
  (Prop. 1)   (Prop. 2)

1 **Souligne en bleu le groupe sujet et en vert le groupe verbal.**
- Ce matin, nous avons fait un match dans la cour de l'école. • En automne, les vendangeurs cueillent le raisin. • L'enfant a préparé une surprise pour sa grand-mère. • L'année prochaine, mes parents m'emmèneront à la mer. • Le garagiste répare la portière de la voiture.

2 **Indique après chaque phrase si elle est simple (s) ou complexe (c).**
- Tu nous a raconté des histoires (….). • Je suis partie à la recherche de mon frère et je l'ai retrouvé au fond du magasin (….). • Les brebis bêlaient dans les alpages (….). • Nous avons visité un château et nous avons mangé au restaurant (….). • Le monsieur s'excusa et prit congé (….).

3 **Même consigne.**
- J'aime me promener en forêt et je passe mon temps à observer les insectes (….). • Il a travaillé tout l'après-midi et s'est endormi (….). • Le seul souvenir de cet événement me faisait rire aux éclats (….). • On n'a jamais tout vu : il reste encore des choses à découvrir (….). • Nous avons rencontré un ami sur le chemin du retour (….).

4 **Souligne les verbes conjugués de chaque phrase et indique le nombre de propositions qu'elle comporte.**
- Ne fais pas attention à ses paroles : il a dit cela dans un moment de colère (……). • Je lisais un livre où il était question d'une souris très intelligente (……). • Elle ne sort pas de chez elle aujourd'hui, car elle est malade (……). • On a loué un gîte au bord de la mer, donc on va bien s'amuser (……). • Derrière les petites maisons, on apercevait des jardins recouverts de feuilles mortes (……).

Conjugaison

L'impératif présent

Unité 13

- Le mode impératif est utilisé pour exprimer les **ordres** ou les **conseils**. Il ne se conjugue qu'à **trois personnes** : la 2e du singulier, la 1re et la 2e du pluriel.
- Au présent de l'impératif, les terminaisons sont :
  - au 1er groupe : **-e**, **-ons**, **-ez**.   mang**e**, mange**ons**, mang**ez**
  - au 2e groupe : **-is**, **-issons**, **-issez**.   fin**is**, fin**issons**, fin**issez**
  - au 3e groupe : **-s**, **-ons**, **-ez**.   prend**s**, pren**ons**, pren**ez**
- *Mais :* aller → **va**, all**ons**, all**ez**   être → **sois**, soy**ons**, soy**ez**

  avoir → **aie**, ay**ons**, ay**ez**

1 **Écris aux personnes indiquées les verbes au présent de l'impératif.**
- Prendre son temps (1re plur.) : ....
- Faire son travail (2e plur.) : ....
- Partir de bonne heure (2e sing.) : ....
- Ne rien dire à personne (2e plur.) : ....
- Être courageux (2e sing.) : ....

2 **Écris les verbes entre parenthèses au présent de l'impératif.**
- Vincent, (**couvrir**) .... -toi bien avant de sortir. • Si vous voulez construire un mur, (**prendre**) .... du sable, (**faire**) .... un tas, (**mélanger**) .... -le avec du ciment et (**attendre**) .... quelques instants.
- (**presser**) .... -toi si tu veux arriver à l'heure ! • (**cueillir**) .... des fleurs pour faire un bouquet et (**mettre**) .... -les dans l'eau. • Nous avons préparé le rôti, maintenant (**manger**) .... -le avant qu'il ne refroidisse.
- Éric nous cherche, (**cacher**) .... -nous ici.

3 **Réécris cette recette en utilisant la 2e personne du pluriel du présent de l'impératif.**

Le pouding au chocolat. Faire fondre le chocolat dans un peu d'eau. Y ajouter les jaunes, le sucre et ne pas oublier le beurre. Battre les œufs en neige et les incorporer au mélange. Garnir le moule de biscuits à la cuillère. Verser la préparation à l'intérieur. Finir avec les biscuits. Tenir au frais et servir avec une crème anglaise.

Vocabulaire
Le vocabulaire de la publicité

Unité 14

La publicité, dans le nom des produits, le choix des slogans, utilise un langage qui lui est propre et des phrases qui sont très souvent nominales (relis la page 10).

1 Invente des noms de produits en utilisant chacun des préfixes :
super, *déli-* (de délicieux), *magi-* (de magique), *cani-* (de canin : relatif au chien).
Précise la nature du produit : *produit alimentaire*, *produit d'entretien*, *automobile*...

- super- ....
- déli- ....
- magi- ....
- cani- ....

2 Associe chacun des produits à l'un des noms suivants : *luxe*, *tradition*, *économie*, *plaisir*, *joie*, *confort*, *qualité*, *futur*, *fraîcheur*, *liberté*, *talent*, *force*, *douceur*, *technique*.

une automobile : confort.

- un baladeur : ....
- des gâteaux secs : ....
- de l'eau minérale : ....
- une télévision : ....
- une lessive : ....
- un parfum : ....

3 Associe chacun des produits à l'un des adjectifs : *nouveau*, *élégant*, *moderne*, *actif*, *naturel*, *authentique*, *indispensable*, *meilleur*, *léger*, *exotique*, *pratique*, *économique*.

- un fromage : ....
- un buffet : ....
- un couscous : ....
- un ordinateur : ....
- un stylo : ....
- une voiture : ....

4 Voici des verbes utilisés en publicité pour donner des conseils ou inciter à acheter : *réussir*, *protéger*, *acheter*, *économiser*, *bouger*, *partir*, *laisser*, *prendre*, *combattre*, *nettoyer*, *choisir*, *croquer*, *payer*, *transformer*. Utilise-les pour imaginer un slogan correspondant à chacun des produits indiqués.

- une bicyclette : ....
- un cartable : ....
- un médicament : ....

Orthographe

se - ce • s'est - c'est

Unité 14

- **Se** (ou **s'**) est un **pronom personnel** qui fait partie du verbe pronominal (voir page 51). **se** balancer, **se** laver...
- **Ce** est un **déterminant démonstratif** qui accompagne un nom **masculin singulier**. **ce** chat, **ce** tableau...
- **S'est** fait lui aussi partie du **verbe pronominal**. Il **s'est** balancé.
- **C'est** peut être décomposé en **cela** + verbe **être**.
  C'est un avion = **Cela est** un avion.

1 **Complète par se ou ce.**
..... laver • ..... baigner • ..... crayon • ..... placard • ..... lapin • ..... pêcheur • ..... casser • ..... peser • ..... fendre • ..... bureau • ..... couteau • ..... stylo • ..... collier • ..... souvenir • ..... porter • ..... presser • ..... tapis • ..... buffet • ..... carreau • ..... lancer

2 **Même consigne.**
..... jouet ..... casse facilement. • ..... mur est élevé, il ..... voit de loin. • Il ..... baisse pour ramasser ..... caillou. • ..... garçon ..... porte bien. • On ..... réjouit de ..... beau temps.

3 **Complète par s' ou c'.**
• Il ..... amuse bien. • ..... était un soir d'hiver. • On ..... habitue très vite. • ..... est ennuyeux, le mur ..... effrite. • ..... est quelqu'un qui a frappé. • ..... est en été que commencent les vacances. • ..... est tout ce que tu me dis ? • Il ..... est mis en colère, mais ..... est de ma faute.

4 **Complète par s'est ou c'est.**
• Elle .... regardée dans le miroir. • .... une très belle maison. • .... le chat qui a mangé le morceau de viande. • L'ours .... dressé, puis il .... appuyé contre l'arbre. • .... lui qui a rangé les livres. • Il .... blessé en courant. • .... la saison des vendanges. • .... le capitaine du bateau. • L'incendie .... déclaré brusquement.

5 **Écris les verbes au féminin de la 3ᵉ personne du singulier du présent, puis du passé composé :** se laver → elle se lave, elle s'est lavée.
- se souvenir : ....
- se traîner : ....
- s'amuser : ....
- se coiffer : ....

Grammaire

Les propositions juxtaposées et les propositions coordonnées

Une phrase complexe contient plusieurs propositions.

Je marchais dans les bois, (prop. 1) / j'entendis du bruit (prop. 2) / et je m'arrêtai (prop. 3).

- Quand les propositions sont séparées par une **virgule**, on dit qu'elles sont **juxtaposées**.
- Quand elles sont réunies par une **conjonction de coordination** : **mais**, **ou**, **et**, **donc**, **or**, **ni**, **car**..., on dit qu'elles sont **coordonnées**.

1 *Sépare par un trait les différentes propositions dans les phrases suivantes.*

- J'ai vu le spectacle, il m'a ému et m'a beaucoup plu. • En rentrant de vacances, papa a nettoyé le jardin, il a enlevé les mauvaises herbes et il a tondu la pelouse. • Maman cueille des fleurs, les met dans un vase et ajoute des branchages. • Les hirondelles reviennent et retrouvent leurs anciens nids. • Les enfants s'accroupissent dans le sable et font de magnifiques châteaux.

2 *Forme une phrase complexe à partir des phrases simples en utilisant des virgules et la conjonction de coordination* **et**.

- Le médecin prend une ordonnance. Il nous indique les médicaments à prendre. Il les écrit.

....

- Christophe organise un jeu. Il réunit ses camarades. Il les compte. Il les dispose en deux rangées.

....

- Le vent se lève brusquement. Il chasse rapidement les nuages. Le soleil réapparaît.

....

- Ouvre la porte du placard. Regarde en haut. Prends un verre. Apporte-le moi.

....

3 *Forme une phrase complexe en réunissant les phrases simples par la conjonction de coordination qui convient le mieux.*

- Je mange parfois du poisson. Je ne l'aime pas beaucoup.

....

- Elle a raté le train. Elle est arrivée en retard.

....

Conjugaison

Le conditionnel présent

- Le conditionnel présent exprime une **action** apparaissant comme **possible** ou soumise à une **condition** (quand la condition est exprimée à l'imparfait).

  Si le repas **était** prêt, je **mangerais**.
  imparfait   prés. du cond.

- Le radical des verbes est le même que le radical du futur et les terminaisons sont celles de l'imparfait.

1 *Écris aux personnes indiquées les verbes au conditionnel présent.*

- avoir (2ᵉ sing.) : ....
- être (3ᵉ sing.) : ....
- écouter (1ʳᵉ plur.) : ....
- partir (2ᵉ sing.) : ....
- finir (3ᵉ plur.) : ....
- servir (2ᵉ plur.) : ....
- arriver (1ʳᵉ sing.) : ....
- prendre (2ᵉ plur.) : ....
- réussir (2ᵉ sing.) : ....
- mettre (1ʳᵉ plur.) : ....

2 *Écris les verbes entre parenthèses au conditionnel présent.*

- Si on démolissait ces vieux immeubles, les habitants (**devoir**) .... se loger ailleurs. • Si je rangeais mieux mes tiroirs, je (**pouvoir**) .... y mettre beaucoup plus de choses. • Si elle faisait du bruit en partant, elle (**se faire**) .... vite repérer. • Si cette terre était bien travaillée, elle (**produire**) .... de meilleures récoltes. • Si tu écrivais des poèmes, je les (**lire**) avec plaisir ....
- S'ils vivaient à la campagne, ils (**s'occuper**) .... de leur potager.
- Si je te disais ce que j'ai vu, tu ne me (**croire**) .... pas. • Si l'air était plus pur, on (**respirer**) .... mieux.

3 *Écris les verbes entre parenthèses au conditionnel présent.*

- Si elle habitait plus près, elle (**venir**) .... à notre fête. • Si la pluie cessait, les cyclistes (**reprendre**) .... aussitôt la course. • Même s'ils le savaient, ils (**se taire**) .... • Si tout ce bruit s'arrêtait, nous (**pouvoir**) .... enfin dormir. • Si vous marchiez plus vite, vous (**rattraper**) les autres ....
- Si tu écoutais mieux, tu (**savoir**) .... répondre. • Si ces joueurs gagnaient le match, nous (**aller**) .... les féliciter ! • Si nous décidions de voyager en train, il (**falloir**) .... réserver les billets. • Si je faisais un peu d'exercice, je (**se sentir**) .... plus en forme.

Unité 15

Vocabulaire

Jouons avec les mots

Les mots, leurs dérivés, leurs contraires, leurs synonymes et leurs significations peuvent donner lieu à toutes sortes de jeux dont tu trouveras ici plusieurs exemples.

1 **Les mots-valises.** En emboîtant plusieurs mots ou parties de mots, tu peux en obtenir de nouveaux pour lesquels il est amusant d'imaginer une définition.
une autochatbile : voiture exclusivement réservée aux chats !
À toi de jouer à partir des mots suivants :
survêtement, rédaction, papillon, toboggan.

• ....
• ....
• ....
• ....

2 **Les mots tordus.** Il s'agit de « tordre » des noms avec leurs compléments.
Signal d'alarme : signal de larmes = moyen mis à disposition de tous les enfants.
(Pef, *Dictionnaire des mots tordus*, éd. Gallimard.)
À toi de jouer à partir des mots suivants : pommes de terre, marchand de fleurs, crème caramel, tarte aux pommes, paire de chaussures.

• ....
• ....
• ....
• ....
• ....

3 **Les devinettes.** On peut faire deviner un mot en en donnant une définition amusante ou poétique : Je suis un porte-plume qui vole, qui suis-je ? Un oiseau.
Imagine des devinettes pour les mots suivants :
les pieds, une fourchette, un escargot, le vent, le soleil.

• ....
• ....
• ....
• ....
• ....

Orthographe

L'accord des participes passés utilisés sans auxiliaire

> Le participe passé épithète employé sans l'auxiliaire **être** s'accorde en **genre** et en **nombre avec le nom auquel il se rapporte**.

1 *Accorde, s'il y a lieu, les participes passés employés comme adjectifs.*
- une orange glacé…… • des terres arrosé…… • des volets ouvert…… • un arbre déraciné……
- des lapins attrapé…… • des poules égaré…… • un mur blanchi……
- du lait bouilli…… • des légumes cuit…… • du beurre fondu……

2 *Même consigne.*
- un parquet ciré…… • des graines planté…… • des légumes écrasé…… • des raisins cueilli…… • des tables garni…… • un événement inattendu…… • des montagnes boisé……
- des maisons construit…… • un enfant endormi…… • une fenêtre ouvert……

3 *Accorde, s'il y a lieu, les participes passés dans les phrases suivantes.*
- Le temps perdu…… ne se rattrape jamais. • Il faut changer le pneu crevé……. • La date du voyage fixé……, prévenez-moi. • Est-ce une montre garanti……? • Les animaux maltraité…… ont été adoptés.

4 *Même consigne.*
- La nature reverdi…… annonce le printemps. • Les pommes cuit…… feront une excellente compote. • Ces fleurs coupé…… parfument la pièce. • Donnez-moi ces vêtements raccommodé……. • Bien attrapé……, elle n'a rien répondu.

5 *Même consigne.*
- Ces pêches tombé…… risquent de s'abîmer. • Les flocons tombé…… feront la joie des enfants. • Les chasseurs aperçu…… guettent le gibier. • Les vaches bien gardé…… restent dans le pré. • Les yeux rougi……, il s'excusa.

6 *Même consigne.*
- J'ai reçu aujourd'hui une lettre envoyé…… il y a un mois. • Engourdi…… par le froid, ils sont entrés se réchauffer. • L'allée jonché…… de feuilles est nettoyée par le jardinier. • Rangez les assiettes lavé……. • Les hirondelles revenu…… annoncent le printemps.

Unité 15 — Grammaire

Les propositions subordonnées relatives

> - Il est possible d'enrichir le GN avec un adjectif qualificatif ou un complément du nom.
> - On peut également le compléter par une proposition subordonnée relative **introduite** par un **pronom relatif** (**qui, que, quoi, dont, où**…).
> - La première proposition s'appelle la **proposition principale**.
>
> Je regarde les enfants / qui jouent dans la cour.
>   prop. principale   prop. sub. relat.

1 *Souligne les propositions subordonnées relatives dans ces phrases complexes.*
- J'ai rencontré un vieillard qui portait une longue barbe. • Il était une fois un roi qui avait trois fils. • Je n'ai pas revu l'acteur dont je t'ai parlé. • Où sont les jeux que tu as reçus ?
- Voici le bouquet de fleurs que j'ai composé.

2 *Complète les propositions principales en ajoutant une relative.*
- J'ai rencontré le coureur qui ....
- Voici le cahier que ....
- Voici l'ami dont ....
- Elle a revu avec plaisir la maison où ....
- Il a eu le cadeau qu' ....

3 *Remplace l'adjectif qualificatif par une proposition subordonnée relative.*
C'est une fête annuelle. → C'est une fête qui a lieu tous les ans.
- La pâquerette est une fleur printanière. ....
- J'ai lu un livre amusant. ....
- Elle a acheté un magazine hebdomadaire. ....
- C'est un garçon matinal. ....
- Voici une histoire universelle. ....

4 *Remplace la proposition subordonnée relative par un adjectif qualificatif correspondant.*
- C'est une dame qui s'habille toujours très bien. C'est une dame ....
- *Le Monde* est un journal qui paraît tous les jours. ....
- C'est une personne qui ne dit jamais la vérité. ....
- Thomas est un garçon qui parle toujours. ....
- Ce chien est un animal qui n'est pas méchant. ....

mémo CHOUETTE

LES DÉTERMINANTS

Il existe plusieurs catégories de déterminants.

- Les **articles** sont les déterminants les plus employés.
  - **Articles définis : le, la, les, l'**
  - **Articles indéfinis : un, une, des**
  - **Articles définis contractés :**
    - **au** = à + le — Je vais **au** marché.
    - **aux** = à + les — Il aime le gâteau **aux** cerises.
    - **du** = de + le — Il regarde les fleurs **du** jardin.
    - **des** = de + les — Les feuilles **des** arbres tombent.

- **Autres déterminants**
  - **Déterminants démonstratifs**

	Formes simples		Formes composées	
	masculin	féminin	masculin	féminin
singulier	ce, cet	cette	ce ....-ci, cet ....-ci ce ....-là, cet ....-là	cette ....-ci cette ....-là
pluriel	ces		ces ....-ci, ces ....-là	

  - **Déterminants possessifs**

singulier	masculin	mon, ton, son, notre, votre, leur
	féminin	ma, ta, sa, notre, votre, leur
pluriel	masculin ou féminin	mes, tes, ses, nos, vos, leurs

  - **Déterminants numéraux :** deux, trois, cinq, douze...
  - **Déterminants interrogatifs et exclamatifs :** quel, quelle, quels, quelles ;
  - **Déterminants indéfinis :** aucun, nul, certain, quelque, divers, plusieurs, chaque, tout, autre, même.

LES MOTS INVARIABLES

- **Prépositions**

Lieu	Temps	Cause	Manière
à, chez, dans, devant, derrière, entre, jusqu'à, loin de, près de, en face de	à, avant de, depuis, dès, pendant, jusqu'à	de, à cause de, en raison de, grâce à	avec, de, en, par, sans

- **Adverbes**

Lieu	Temps	Intensité	Manière	Négation
ici, là, ailleurs	parfois, souvent	si, très	bien, mal, adverbes en *-ment*	ne… pas, ne… point, ne… jamais, ne… plus

1er groupe	2e groupe	3e groupe

PRÉSENT

Passer	**Réfléchir**	**Atteindre**
je passe	je réfléchis	j'atteins
tu passes	tu réfléchis	tu atteins
il/elle passe	il/elle réfléchit	il/elle atteint
nous passons	nous réfléchissons	nous atteignons
vous passez	vous réfléchissez	vous atteignez
ils/elles passent	ils/elles réfléchissent	ils/elles atteignent

IMPARFAIT

Manger	**Bâtir**	**Mettre**
je mangeais	je bâtissais	je mettais
tu mangeais	tu bâtissais	tu mettais
il/elle mangeait	il/elle bâtissait	il/elle mettait
nous mangions	nous bâtissions	nous mettions
vous mangiez	vous bâtissiez	vous mettiez
ils/elles mangeaient	ils/elles bâtissaient	ils/elles mettaient

FUTUR

Penser	**Fournir**	**Devoir**
je penserai	je fournirai	je devrai
tu penseras	tu fourniras	tu devras
il/elle pensera	il/elle fournira	il/elle devra
nous penserons	nous fournirons	nous devrons
vous penserez	vous fournirez	vous devrez
ils/elles penseront	ils/elles fourniront	ils/elles devront

PASSÉ SIMPLE

Placer	**Remplir**	**Perdre**
je plaçai	je remplis	je perdis
tu plaças	tu remplis	tu perdis
il/elle plaça	il/elle remplit	il/elle perdit
nous plaçâmes	nous remplîmes	nous perdîmes
vous plaçâtes	vous remplîtes	vous perdîtes
ils/elles placèrent	ils/elles remplirent	ils/elles perdirent

PASSÉ COMPOSÉ ET PLUS-QUE-PARFAIT *

Rester	**Grandir**	**Pouvoir**
je suis/j'étais resté(e)	j'ai/avais grandi	j'ai/avais pu
tu es/étais resté(e)	tu as/avais grandi	tu as/avais pu
il/elle est/était resté(e)	il/elle a/avait grandi	il/elle a/avait pu
nous sommes/étions resté(e)s	nous avons/avions grandi	nous avons/avions pu
vous êtes/étiez resté(e)s	vous avez/aviez grandi	vous avez/aviez pu
ils/elles sont/étaient resté(e)s	ils/elles ont/avaient grandi	ils/elles ont/avaient pu

IMPÉRATIF

Monte, montons, montez	Obéis, obéissons, obéissez	Vends, vendons, vendez

SUBJONCTIF PRÉSENT

Apprécier	**Saisir**	**Battre**
(que) j'apprécie	(que) je saisisse	(que) je batte
(que) tu apprécies	(que) tu saisisses	(que) tu battes
(qu') il/elle apprécie	(qu') il/elle saisisse	(qu') il/elle batte
(que) nous apprécions	(que) nous saisissions	(que) nous battions
(que) vous appréciiez	(que) vous saisissiez	(que) vous battiez
(qu') ils/elles apprécient	(qu') ils/elles saisissent	(qu') ils/elles battent

* Quelques autres participes de verbes du 3e groupe : partir/parti ; lire/lu ; faire/fait ; dire/dit ; joindre/joint…